JN419027

그때 그 길

박/찬/인/생/태/수/필/집

박/찬/인/생/태/수/필/집 그때 그 길

발행일 2010년 10월 28일 **발행인** 송용호 **지은이** 박찬인
펴낸곳 충남대학교출판부 **주소** 대전광역시 유성구 대학로 79
전화 042-821-6045 **홈페이지** cnupress.cnu.ac.kr **E-mail** cnupress@cnu.ac.kr

ISBN 978-89-7599-372-5 00040
값 10,000원

그때 그 길

박/찬/인/생/태/수/필/집

"자연은 하나의 사원, 거기에서 살아있는 기둥들이
때때로 혼돈의 언어를 내보내니,
인간은 거기로 들어간다.
친근한 시선으로 자기를 살피는 상징의 숲을 가로질러."

궁미디어
GUNGMEDIA

날이 갈수록 인간은 자연과 멀어지면서 자연을 개발의 대상으로만 여기게 되었다. 특히 2010년 대한민국은 마치 토건기업인양 국토 전체를 파헤치고 난개발함으로써 생태계를 무차별적으로 파괴하고 있다. 산허리를 두 동강내어 도로를 만들고 멀쩡한 바다를 메워 산업단지를 만들며 심지어 강 바닥에 콘크리트를 쏟아 부으며 경제개발 운운하고 있다.

이러한 상황에서 필자는 지난 2년간 여기 저기 기고한 글들 중에서 나무와 숲 등 자연 생태와 관련된 글들을 간추렸다. 그리고 그 이전에 썼던 글들에서도 환경과 생태에 관하여 사유한 것들을 덧붙였다.

이 수필들이 경제적 효율성만을 추구하고 눈앞의 개발만을 발전이라고 생각하는 사람들에게 정신을 일깨우는 한모금의 찬 샘물이길 기대한다. 인간이 깃들여 사는 곳이 도시인 줄 아는 젊은이들에게 한 줄기 바람처럼 신선한 자극과 각성이 되길 바란다.

2010.10

박찬인

목 차

CHAPTER 01 그 때

CHAPTER 02 그 길

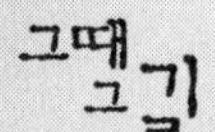

박/찬/인/생/태/수/필/집

CHAPTER 03 그런 숲

CHAPTER 04 그런 삶

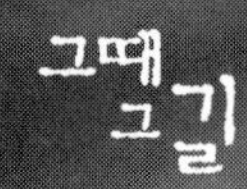
그때
그 길
박/찬/인/생/태/수/필/집

CHAPTER 01

그 때

겨울나무의 노래

〈시(詩)가 나무에게〉

나무야, 너 왜 거기 서 있니?
걸어 나와라
피 흘려라
푸른 심장을 꺼내 보여다오
해마다 도로 젊어지는 비밀을
나처럼 언어로 노래해 봐
네 노래는 알아들을 수가 없지만
너무 아름답고 무성해
나의 시 속에 숨어 있는 슬픔보다
더 찬란해
땅속 깊은 곳에서 홀로
수액을 끌어올리며 부르던 그 노래를
오늘은 걸어 나와
나에게 좀 들려다오
나무야, 너 왜 거기 서 있니?

한 겨울의 산은 참 소박하다. 말 그대로 '생얼' 이다. 형형색색의 꽃들과 다채롭던 향기가 사라진 건 이미 오래다. 마지막 불씨처럼 타오르던 단풍도 북풍에 날아갔다. 남은 것이라고는 등성이에 쌓인 황갈색 흑갈색 낙엽, 겨울바람에 바스락대는 삭정이, 그리고 흰 눈에 발이 얼어 윙윙, 웅- 웅- 울어대는 가지뿐이다. 여름내 갈증을 풀어주던 계곡물 소리마저 숨을 죽였다.

밖으로 나서지 않고 겨울나무를 생각한다면 겨울나무는 휘돌아 때리는 눈보라와 북서풍 칼바람에 살을 에는 무감각의 덩어리일 뿐이리라. 난롯가나 온돌방 혹은 따뜻한 사무실에서 먼 산을 바라본다면, 겨울 산과 겨울 숲은 차가운 주검일 뿐이리라. 그런 사람들은 누구나 어느 시인의 지적처럼, “저 들에선 벌거벗은 나무들이/ 추워 울어도/ 서로 서로 기대어 숲이 되어도/ 나는 무관해서 (...)” 크리스마스 캐롤만을 겨울노래로 알 것이다. 반짝이며 흐르는 건 장식용 꼬마전구뿐인 줄로 알 것이다.

그러나 과감하게 문을 나서면 이야기는 달라진다. 강가나 들판 그리고 산발치의 마르고 꺾인 풀잎들에서, 찬바람에 흔들리는 나뭇가지 사이에서 여전한 생명의 순환을 확인하며 탄성을 지르게 된다. 관심을 가지고 바라보기만 하면 죽음이 삶이 되고, 정지가 순환이 되고, 단절이 영속이 됨을 깨닫는 희열을 맛본다. 오히려 겨울산행의 참맛은 이런 것이어서 많은 산꾼들은 차라리 겨울 산행을 더 즐기기도 한다.

지난 연말 매일 매일 이어지는 송년회에 지칠 대로 지쳤다. 몸도 마음도 기진맥진하여 12월 하순 네 군데 산을 찾았다. 21일 구봉산 일대, 24일 덕유산, 28일 만인산, 30일 속리산이었다. 낮은 산이든 높은 산이든 모든 산과 모든 숲이 그냥 거기 '생얼' 로 배시시 웃고 있었다. 한동안 잊고 산 것에 눈을 흘기며 맨몸으로 반겨주었다.

쟁기봉에 오르기 위해 안영천 둑을 따라 걸을 때, 정림중학교에서 갑천을 따라 오르며 둔치를 걸을 때 갈대와 억새, 기름새, 솔새, 그리고 더 많은 이름 모르는 풀들이, 그것들의 씨앗들이 봄을 기다리고 있었다. 죽은 것이 아니라 죽은 체 하고 있었다. 숲보다 무성한 덤불 속에는 분명 어느 생명체인가 보금자리도 눈에 띄었다.

구봉산과 만인산에서 만난 나무들은 나름대로 꽃눈과 잎눈에게 솜털 옷을 입히고 혹한에 대비하고 있었다. 맨살을 드러낸 기둥도 가장 겉의 목피는 벗겨지면서 솜털 같은 역할을 하게하여 외투를 대신하는 듯 했다. 오직 소나무만이 제철을 만난 듯 겨울바람에 노래를 불렀다. "우리 나아갈 길 멀고 험해도/ 깨치고 나아가 끝내 이기리라."

덕유산 향적봉-중봉 능선에서 상고대의 눈꽃을 뒤집어 쓴 주목을 바라볼 때, 속리산 묘봉 능선의 낙락장송을 바라볼 때 "나안~! 감동으로 숙연했는데 눈에 눈이 들어가 눈물이 흐를 뿐이고, 안경에 입김이 서려 뿌옇게 얼었을 뿐이고, 손이 곱아 셔터를 못 눌렀을 뿐이고, 카메라도 얼어 렌즈 마개도 안 열렸을 뿐이고...”

그러나 산꼭대기의 오래 묵은 나무가 주는 감동이 마을이나 들판의 노거수가 주는 그것과 다른 것은 아니다. 괴곡동 새뜸마을의 느티나무 앞에 다시 섰을 때도 늘 그랬듯이 인간존재의 왜소함이 느껴졌다. 그러면서 자연스럽게 문정희 시인의 시 두 편이 혀끝에서 맴돌았다. 아래의 「초겨울 저녁」이란 시는 1992년 『별이 뜨면 슬픔도 향기롭다』라는 시집에 실린 것이고 앞서 인용한 「시가 나무에게」는 12년 뒤에 출간 된 『양귀비꽃 머리에 꽂고』에 있는 것이다. 상당한 시차가 있는 두 편의 시이지만 커다란 나무 앞에 서면 자주 이들 시가 떠오른다. 정말 내 맘을 대변하는 것 같기 때문이다.

〈초겨울 저녁〉

나는 이제 늙은 나무를
사랑하게 되었습니다.
다 버리고 정갈해진 노인같이
부드럽고 편안한 그늘을 드리우고 앉아
바람이 불어도
좀체 흔들리지 않게 되었습니다.
무성한 꽃들과 이파리들에 휩쓸려 한 계절
온통 머리 풀고 울었던 옛날의 일들
까마득한 추억으로 나이테 속에 감추고
흰 눈이 내리거나

새가 앉거나 이제는
그대로 한 폭의 그림이 되어
저 대지의 노래를 조금씩
가지에다 휘감는
나는 이제 늙은 나무를
사랑하게 되었습니다.

나를 잃다

언제나 그렇듯 봄은 참 짧습니다. “아, 꽃이 피는구나!” 하다보면 어느 틈엔지 꽃잎이 날리며 봄눈 되어 내립니다. 굴러가는 꽃잎 바퀴에서 다시 눈을 들면, 꽃보다 아름다운 ‘아기 초록’, 연두색 이파리들이 돋아납니다. 아침저녁이 다르게 무성해지면서 생명력을 과시합니다. 해마다 반복되지만 해마다 새로운, 이 부활의 신비는 도대체 어디서 비롯되는 것일까요.

이렇게 꽃이 피고 잎이 피는 계절을 사람들은 여자의 계절이라고 말합니다. 그러나 꼭 그런 것 같지는 않습니다. 해마다 봄이면 신열을 앓는 남자들도 의외로 많습니다. 끙끙 앓습니다. 그럴 때면 김지하의 「중심의 괴로움」이란 시도 떠오릅니다. “봄에/ 가만 보니/ 꽃대가 흔들린다// 흙밑으로부터/ 밀고 올라오던 치열한/ 중심의 힘// 꽃피어/ 퍼지려/ 사방으로 흩어지려// 괴롭다/ 흔들린다// 나도 흔들린다// 내일/ 시골가/ 가/ 비우리라 피우리라.”(「중심의 괴로움」 전문)

화창한 봄날을 견딜 수 없어 산에 오릅니다. 막연한 동경, 존재의 번민, 일상의 중압, 쫓기는 업무, 욕심과 욕망, 그 모든 걸 털고자, 버리고자 산에 오릅니다. 급할수록 느리게 살려고 산을 택합니다. 그러나 산에 오르다보면 버리는 것보다 얻는 것이 더 많음을 깨닫게 됩니다. 올라가는 것보다 내려가는 길이 더 어렵다는 진리를, 우리가 가는 길에서는 남을 이기는 게 아니라 결국은 나를 이겨야 한다는 진리를, 쌓는 것보다 버리는 게 정말 어렵다는 진리를, 산은 말없이 우리에게 일깨웁니다.

우리나라의 온 산하는 봄철이면 진달래가 가득합니다. 대전의 둘레 산에도 구봉산, 갑하산을 비롯하여 모두 진달래가 많습니다. 특히 그 중에서도 삼괴동 덕산마을에서 출발하여 닭재로부터 북쪽 능선을 타고 올라 식장산과 세천수원지에 이르는 '대전둘레산잇기 제 4구간' 은 정말, 진달래가 흐드러진 엄청난 꽃길입니다. 꽃대궐입니다.

그 길을 지난 4월에는 네 차례나 밟았습니다. 초순에는 꽃다지와 냉이, 개불알풀꽃이 초입을 수놓았습니다. 쑥쑥 자라서 쑥이 되었다는 쑥도 지천이었습니다. 산길로 접어들자니 양지꽃, 제비꽃, 할미꽃 그리고 진달래가 피기 시작했습니다.

중순에는 자줏빛 광대나물꽃이 융단을 이루었습니다. 주름잎꽃과 봄맞이꽃, 현호색도 대지에 무늬를 더했습니다.

산벚꽃과 겹벚꽃이 피기 시작했고, 산복숭아도 요염한 자태를 드러냈습니다. 잎들도 나기 시작하여 우리는 회잎나물과 고사리, 취, 그리고 산두릅을 재미삼아 뜯을 수 있었습니다. 정말 진달래꽃궁전의 절정이었습니다. 준비해간 막걸리에 진달래잎을 띄우고 두견주라 부르며 목도 축였습니다.

네 번째 그곳을 찾았을 때는 초입에서 꽃마리와 꽃바지 군락을 만났습니다. 조금 오르자 비탈에 구슬붕이가 여기저기 성단을 이룬 별처럼 박혀 있었습니다. 군데군데 수줍은 듯 각시붓꽃도 청자색 알록 무늬 자태를 뽐냈습니다. 나무에는 꽃보다 싱그러운 잎들이 피어나고 있었습니다. 어린 참나무의 잎은 정말 꽃 못지않게 예쁩니다. 함께 가던 동행은 "야! 잎이 이렇게 아름다운 줄 몰랐다." 면서 감탄을 연발합니다. 이따금씩 "꿩! 꿩!" 하는 꿩이 오로지 적막을 깨고, 어디선가 산비둘기와 꾀꼬리 소리도 들리는 듯 했습니다. 태양도 뜨거워지고 카뮈가 말하던 '정오의 명정' 도 느꼈습니다.

그러나 따사로운 햇볕이 내리쬐는 봄날의 숲 속에는 사실 정적이 없습니다. 온 세상이 싱싱한 생명으로 꽉 찼기 때문입니다. 새순이 돋는 소리, 둥글레 싹트는 소리, 찔레 순 앞다투며 트는 소리, 여린 이파리들이 손을 흔드는 소리, 햇살이 눈부시다고 새 이파리가 투정하는 소리, 투명한 연두 빛에 바람이 반짝이는 소리, 다람쥐가 굴참나무를 타고 오르내리는 소리, 발자국에 놀란 새가 나뭇잎 건드리는 소리, 밀원을 찾은 벌떼가 붕붕대는 소리, 그리고 우리들의 숨소리... 아, 오월의 숲은 온통 놀라움입니다. 온갖 생명이 어울리는 신비의 놀라움입니다. 황홀경입니다. 화엄의 세계인 것입니다.

그러니 이 봄에 어찌 흔들리지 않을 수 있으며 어찌 어지럽지 않을 수 있겠습니까. 누구나가 나를 잃고, 잎이 되고 꽃이 되고, 나비 되고 구름 되고, 햇살 실은 바람 되는 '숲의 봄' 입니다. "눈물어린 무지개 계절" 입니다.

단풍

가을 중에 적어도 한 달은 우리나라의 모든 산천과 방방곡곡이 축제의 분위기이다. 야트막한 구릉이건 암벽이 삐죽삐죽 솟은 높은 산이건, 구불구불 사행하는 강가의 버드나무든 옥계에 기울어진 생강나무든, 모든 나무와 풀들이 축제의 옷을 갈아입는다.

은행나무나 계수나무 잎처럼 진노랑색이 있는가 하면 단풍나무와 복자기 잎처럼 빨간색, 자주색도 있다. 당단풍과 벚나무 잎은 선홍과 주황, 갈색으로 추상화를 그리고, 참나무류는 좀 이르게 갈색의 농담(濃淡)으로 계절을 재촉한다.

매일매일 출근하는 교정에서도 그렇지만 주말에 찾아나서는 각지의 유명산에서는 팔레트를 엎지른 듯 온갖 색조가 어울려 활활 타오른다. 노랑, 주황, 선홍, 빨강, 자주, 다갈색의 무궁무진한 배합과 조화다. 정말 "아, 아름다운 강산이여!"

설악산의 한계령과 흘림골, 천불동, 속리산, 청량산의 암벽 단풍에서는 적록과 황록의 대립이 보인다. 흑갈색 혹은 흑회색, 이따금씩 물이 배인, 바위벽을 배경으로 청아한 소나무 몇 그루가 솟아있고, 주변에 붉은 물을 뚝뚝 떨어뜨리는 듯 단풍나무가 단아한 수를 놓고 있다. 김홍도의 「총석정」이나 정선의 「만폭동」에 그려진 암봉과 소나무에 이 가을의 유채색 대립이 더해졌다면 그 그림들은 얼마나 더 화려했을까 하는 상상에 얼굴도 달아오른다.

설악산의 수천 봉우리들, 가까이로는 계룡산이나 대둔산과 멀리는 선운산, 내장산과 월악산의 기기묘묘한 봉우리들이 만드는 가을 풍경은 돌(바위)과 나무의 신비한 대조와 대비이다. 어쩌면 그렇게 바위와 나무가 잘도 어울리는지 눈길이 닿을 때마다 탄성의 연속이다. 아마도 바위는 나무를 보며 '무상' 을 느끼고 자위할 것도 같다. 그러자니 저절로 윤선도의 「오우가」한 소절이 입가에 맴돈다.

> 고즌 므스 일로 퓌며셔 쉬이 디고
> 플은 어이 하야 프르난 닷 누르나니
> 아마도 변티 아닐산 바회뿐인가 하노라

능선과 봉우리의 단풍과 달리 계곡 물위에 비치는 단풍은 더 곱다. 충분한 수분을 공급받아서인지 먹고 싶을 만큼 깨끗하고 투명한 색이 햇살에 부서지면 아, 세상을 잊는다, 세월을 잊는다. 청류에 떠내려가는 단풍잎과 깊고 푸른 소(沼)에 모여 뭍인 듯 떠있는 가을 잎들은 세상사에 찌든 속내를 정화시키기에 충분하다. 오, 청정의 다의성!

어디 그뿐인가. 바람이 불면 대기의 파장에 몸을 실은 단풍이 가을을 더 멀리 퍼뜨린다. 마른 오동잎과 떡갈잎은 언제 바람이 할퀴고 지났는지 느닷없이 툭, 툭, 둔중한 소리를 내며 떨어지지만, 찬바람에 삭정이가 흔들리면 물푸레나무나 사시나무 같은 나무의 물든 잎들은 금붕어 떼 비늘처럼 반짝거리며 우수수수 바람에 날린다. 우수수수 우주에 파동을 일으킨다. 그러면서 팽팽한 대기의 전율을 온몸에 전한다. 시각적 단풍이 청각을 거쳐 촉각으로, 온몸으로 느껴지는 순간이다.

늦가을 이른 아침 길을 나서면 더 신비한 세계를 만난다. 새벽은 새벽대로, 햇살이 퍼질 무렵이면 그 무렵대로, 호수나 계곡 위에 안개가 피어나는 것이다. 수면에서 피어나는 안개와 안개가 걸린 봉우리, 안개 속의 뿌연 단풍, 이따금씩 그 장막을 투과하는 가을 햇살... 그리고 시간이 조금 더 지나면 느릿느릿 품을 파는 인간들... 이쯤 되면 단풍을 보는 눈에서 출발한 신경계의 자극이 촉각을 거쳐 후각마저 동원하며 이른 바 공감각의 신비한 변주곡을 연주한다.

그렇다. 축제란 이런 것이다. 온갖 색상에 모든 감각이 취하는, 그래서 색이 소리가 되고 떨림이 되고, 냄새가 되는 마당이다. 언제고 어디서고 그것들이 서로 교응하는, 그리하여 심장의 박동이 느껴지고 정신이 아찔해지는 마당. 그 결과 삶의 뜨거움을 체험하면서 뭉치고 맺힌 것이 풀어져 카타르시스가 되는, 몸과 마음이 들리는 마당! 이번 가을도 정녕 한바탕 축제였다. 빨강, 노랑, 선홍빛 물이 드는 축제였다.

봄의 화혼

가수원도서관 뒷길로 올랐다. 마음이 급했다. 군데군데 진달래는 벌써 피어있었다. 진달래를 볼 때마다 느끼는 것이지만 진달래는 사실 처량한 꽃이 아니다. 한 그루면 한 그루인대로, 모였으면 모인대로, 암벽을 덮었으면 또 덮은 그대로, 화사하고 화려한 꽃이 진달래라는 생각이다.

구봉산에 불이 났다는 뉴스를 언뜻 스쳐가며 들은 것이 3월 마지막 일요일 저녁인가보다. '구봉산이 얼마나 예쁜 산인데... 4월에 피는 진달래 봉우리는 이제 어쩌란 말이냐... 대전둘레산길잇기의 4월 안내산행도 구봉산구간인데...' 뉴스를 들은 순간부터 노심초사 걱정이 계속되었다. 하지만 안타깝게도 학기 초라서 도통 시간이 나질 않았다.

열흘쯤 지난 어느 목요일, 수업 없는 틈을 타서 무조건 구봉산을 향했다. 얼마나 탔는지, 구각정(구봉정)과 신선봉을 중심으로 한 그 많은 진달래 봉우리는 과연 사라졌는지, 마음이 초조하고 급했던 것이다. 문병을 가는 부모나 친구의 마음 바로 그것이었다. 다행히 도서관에서 동방여고 뒷길로 오르는 능선, 예비군 교육장을 거쳐 구봉터널 위로 구봉산 주능선과 만나는 등산로에는 이상이 없었다. 다소 마음이 진정되었다.

호남선 철길 쪽에서 올라오는 주능선과 만난 후 서쪽으로 방향을 틀었다. 다행히 오고가는 산행인구가 꽤 많았다. '어! 이상하다! 불에 탔다면 이렇게 사람들이 많을까? 표정도 태연한데...' 의혹이 생기면서 동시에 안도의 믿음이 쌓이는 묘한 심리상태를 체험했다.

헬기장을 거쳐 산불초소에 오르니 멀리 구각정이 보이고 그 뒤로 신선봉이 보였다. 분명 그곳까지는 소나무 색이 선명했다. 휴! 안도의 한숨이 새어나왔다. 이쯤 되니 주변에 핀 생강나무꽃이며 진달래더미, 발아래 현호색과 제비꽃이 눈에 들어왔다. '그래, 봄이구나! 생강나무꽃은 생각보다 꽤 오래 피는구나, 아, 잎눈도 꽤 커졌는데... 곧 잎도 피겠네!' 마음에 여유가 생기니 세상이 눈에 들어왔다. 참, 묘한 이치였다.

구각정에 도착하니 한 무리의 산행객들이 맛있는 점심식사를 하고 있었다. 가슴마다 경남 **산악회라는 패찰이 붙어있었다. '대전 구봉산이 이렇게 유명한 산인데... 불이 나면 아니 될 일이지...' 자부심도 생겼다. 대전의 하회마을인 노루벌을 둘러보니 풍경은 절정의 봄을 향해 내달리고 있는 듯 했다.

서쪽으로 이어진 연봉을 살피자니 '아, 저기구나!' 싶은 시커먼 봉우리가 눈에 들어왔다. 동편부터 치자면 일곱 번째나 여덟 번째쯤 되는 봉우리 같았다. 분명히 화재의 흔적이 뚜렷했고 타다 남은 소나무는 누렇게 변해 있었다.

단숨에 달려갔다. 아직도 화재의 냄새는 가시지 않았고 봉우리 하나가 완전히 그을려 있었다. 봉우리에 오르니 타다 남은 둥치들, 그을린 솔가지, 새까맣게 타들어간 새싹들... 처참하기 그지없었다. 그나마 다행인 것은 탄 자리가 그렇게 넓지는 않다는 것뿐이었다.

그 봉우리에 무슨 불씨가 있었겠는가? 분명 등산객의 담배꽁초가 원인이었을 것 같았다. 아, 정말 산 속에서 숲 속에서 담배를 피우면 안 된다. 이 봉우리가 회복되는데 얼마나 시간이 걸릴까. 산불로부터 산을 지키는 것은 정말 절박한, 그리고 당위적인 '산과의 약속' 이라는 생각을 하며 내려왔다. 그나마 정말 다행이라는 생각을 하면서.

진달래

한반도의 4월은 정령 꽃 대궐, 꽃 천지이다. 성급한 산수유와 목련은 겨울의 냉기가 가시기도 전에 이미 피었다. 개나리와 벚꽃이 피고 지는가 싶더니 복숭아꽃, 살구꽃, 배꽃과 조팝나무꽃이 줄을 이었다. 어디 그뿐인가. 잔디밭에는 민들레와 제비꽃, 꽃마리와 꽃다지, 금강봄맞이가 여기저기 꽃방석을 이루었다. 들판이나 논둑으로 나가면 각종 냉이와 광대나물, 개불알풀꽃, 애기똥풀, 주름잎이 지천이다.

누구든지 마음과 영혼을 사로잡는 봄의 유혹으로부터 자유로울 수는 없으리라. 아, 봄의 교향악이 들려주는 현기증! 이 아찔한 화엄경! 그러나 이 모든 꽃들 중에서 올해에도 어김없이 애잔한 그리움으로 내 마음을 사로잡는 것은 역시 진달래이다. 산등성이마다 진달래가 연분홍 수줍은 얼굴을 내밀면서 청초함을 전하면 나는 또다시 봄을 앓는다. 밑도 끝도 없는 갈증과 아쉬움, 괜한 고독과 한숨으로 내겐 비로소 4월이 또 잔인한 달이 된다.

별도의 놀이 시설이 없던 꼬마 시절, 동네뿐만 아니라 앞산과 뒷산이 모두 우리 어린 삶의 터전이었다. 고만고만한 또래들이 어울려 칡뿌리를 캐면서, 더러는 편을 갈라 놀이를 하면서 우리는 산 속을 헤매었다. 이맘때쯤이면 바위틈에 얼굴을 내민 진달래가 우리의 친구이자 장난감이며 먹을거리였다. 진달래 꽃송이를 한 움큼 따 입에 넣으면 텁텁한 듯 하면서도 시큼한 맛이 우러나왔다. 메마른 입 속에 침이 돌았다. 시금털털한 맛 말고 별 맛이야 있었을까마는 우리는 입술이 파래질 정도로 진달래를 따먹곤 했다.

할머니를 따라 산에 갔을 때 할머니는 진달래꽃을 따주며 먹을 수 있는 꽃이라서 참꽃이라고 말했다. 할머니가 광주리 하나 가득 그 참꽃을 채우는 동안 나는 할머니를 거들었다. 시간이 지루하던 어느 날에는 꽃송이를 찬찬히 들여다본 적도 있었다. 그 때 나는 진달래꽃 수염이 나비의 더듬이처럼 길다는 것을 느꼈고, 10개라는 것을 알았다. 나중에 자연시간에 들으니 그것은 진달래꽃 수술이었다. 할머니는 참꽃으로 술을 담갔다. 두견주랬다.

사춘기에 애잔하게 마음을 사로잡던 소월의 시편들 「못잊어」, 「초혼」, 「산유화」, 「금잔디」, 「진달래꽃」, 「엄마야 누나야」등이 시집 『진달래꽃』 속에 실렸다는 것을 배웠고 또 그 시들을 수없이 읽었다. 그 이후로 진달래꽃은 예쁘지만 화사하지 않은, 가꾸지 않아도 단아한, 애처로우나 비참하지 아니한 우리 민족의 정서로 각인되었다.

청년이 되어 4 · 19를 공부했다. 민주주의를 위해 피 흘리는 젊음도 보았다. 온 산천을 붉게 물들이는 진달래는 못다 푼 선배의 한이고 선혈이었다. 진달래꽃 두견화의 영혼은 소쩍새 두견이의 처절한 울음을 통해 여름으로 이어지곤 했다. 진달래가 활짝 핀 4월은 우리에게 또 다른 의미의 '잔인한 달' 이었다. 진달래는 여전히 애이불비(哀而不悲)의 '한(恨)' 이었다. 이래저래 두견주 대신 막걸리에 취하는 4월이었다.

중년이 된 오늘, 새로운 봄이 왔다. 산마다 진달래가 붉게 타올랐다. 대전 서남부를 달리는 구봉산에 올라 진달래를 만났으나 성에 차지 않았다. 강진에서 해남에 이르는 덕룡산과 주작산 능선을 탔다. 아, 설악산의 공룡능선과 용아장성 같은 남도의 그 바위 산줄기에는 온통 핏빛 진달래가 삼십 리도 넘게 불붙어 타오르고 있었다. 화상을 입었다. 뜨거웠다.

그 상흔이 지워지지 않아 지난 주말에는 대전의 동남부 산줄기를 탔다. 삼괴동 닭재에서부터 식장산을 거쳐 세천까지였다. 뜻밖에도 굉장한 진달래 능선이었다. 대전의 진달래꽃은 그곳이 최고였다. 덕룡산이 골산의 진달래능선이라면 이곳은 육산의 진달래 밭이었다. 너무 화려하여 산행이 피곤하질 않았다. 진달래가 지기 전에 아내와 한 번 더 가야겠다. 정말 아름다운 계절이다.

낙엽 쓰는 시지프스

안개가 채 가시지 않은 출근 길. 교정에 들어서 차창을 열면 이른 아침 가을 공기가 가슴 가득 깊숙이 파고든다. 상큼하다. 눈을 들면 어느 틈엔지 은행잎이 노랗게 변하고 있다. 느티나무는 이미 색이 바랬고, 목백합의 넓은 낙엽들은 길 위에서 뒹군다. 정녕 가을이다.

"삭삭, 삭삭!" 비질 소리에 이어 뿌연 안개 속에서 낙엽 쓰는 청소부의 모습이 드러난다. 여덟 시가 갓 넘었는데 모아 놓은 낙엽더미가 벌써 상당하다. 언제 출근을 했을까... 청소부가 쓸며 지나온 길 위에 무심한 낙엽은 한 잎 두 잎 또 내려앉는다.

문득 비질하는 아저씨 얼굴에 시지프스가 겹쳐진다. 신들을 부정한 대가로 거대한 바위덩어리를 산꼭대기로 밀어 올리는 형벌을 받은 시지프스. 수백 번, 수만 번 다시 굴러 내려오는 바위. 끊임없이 되풀이 되는 긴장된 노동. 비오는 듯 흐르는 땀, 그 땀에 흙 범벅이 된 상처 난 어깨, 고통마저 일상이 된 깊고 깊은 눈동자...

카뮈는 인간을 모순된 존재로 본다. 그러나 이성을 가진 존재인 인간에게는 합리의 욕망이 있는 까닭에 모순된 세계의 뜻을 알아내고자 한다. 그런데 이 세계에는 우리 이성으로 알아볼 수 있을 만한 아무런 뜻도 없다. 카뮈는 『시지프스의 신화』에서 그것을 고백한다.

인간이 가지고 있는 '합리를 향한 욕망' 과 '세계에 대한 몰이해.' 바로 이 이율배반으로부터 생기는 모순이 카뮈의 부조리이다. 이 부조리는 피치 못할 숙명인 '인간조건' 이기도 하다. 그러나 흔히 우리는 부조리를 느끼지 못한 채 살고 있다. 의식이 졸고 있기 때문이다. 카뮈에 따르면 의식이 완전히 깨어나서 부조리를 명확히 의식할 때에야 비로소 인간이 인간다울 수 있다. 그러므로 부조리의 인식이야말로 인간의 존엄성이기도 한 것이다.

카뮈는 모순되고 부조리한 세상 속에서 우리는 '그렇지만 살아야 한다' 고 말한다. 그 말에는 생명의 약동이 숨 쉬고 있다. 왜냐하면 그것은 무엇보다도 삶을 향한 긍정이기 때문이다. 있는 그대로 받아들이면서 삶을 긍정하는 태도, 그것이 다름 아닌 카뮈의 '반항' 이다.

그런 의미에서 바위를 산꼭대기로 굴려 올리는 시지프스는 위대하다. 순간적인 휴식을 가지며 내려올 때 시지프스는 자신의 조건에 대하여 생각하기 때문이다. 다시 바위로

다가가는 시지프스는 이미 운명을 극복한 영웅이다. 내일 다시 낙엽을 쓸게 될 아저씨도 마찬가지일 것이다. 무심한 가을 잎은 또 찬바람에 날린다. 하염없이 내려앉는다.

그리움의 편지

봄이 떠나감의 계절이라면 가을은 돌아옴의 계절이다. 봄이 꿈을 좇는 동경의 시절이라면 가을은 '이제는 돌아와 거울 앞에 선' 관조의 시절이다. 그래서 봄이 아지랑이처럼 피어오르는 상승의 계절인 반면, 가을은 낙엽처럼 흩날리다가 내려앉는 하강의 계절이다. 봄의 속성에서 '유랑성' 을 보고 가을에게서 '정착성' 을 느끼는 것은 바로 이 때문이다.

어딘가에 오르고자 정신없는 계절, 그 봄에는 그리움이 없다. 희망과 기대, 욕망이 있을 뿐이다. 그러나 돌아와 대지에 발을 디디는 가을에는 역설적이게도 그리움이 있다. 회한과 아쉬움, 외로움이 있다. 자기 정체성에 대한 반추가 동반된다.

그래서 가을에는 수구초심(首邱初心)의 마음으로 고향을 찾는다. 성묘를 하며 뿌리를 찾는다. 오랜 친구를 만나 살다 지친 마음을 달래고 상처를 다스린다. 따라서 봄이 외형적, 물리적 성장을 추구하는 행동의 계절이라면 가을은 내적,

정신적 성숙을 가져오는 사색의 계절이 된다.

해가 뉘엿뉘엿 비취는 오후나 깊어 가는 가을밤은 이 사색의 계절에 참 잘 어울린다. 더욱더 잘 어울리는 것은 백열등을 머리맡에 밝히고 하얀 종이 위에 써 내려가는 편지이다. 가을밤에 쓰는 편지는 비록 그것이 정호승의 「새벽편지」가 아니더라도, 김사인의 「밤에 쓰는 편지」 연작이 아니더라도 묘한 마력을 지닌다. 그것은 곧잘 고백록이 되기도 하고 참회록이 되기도 한다.

그런 의미에서 가을 편지는 언어의 전달기능만을 추구하는 것이 아니다. 그것은 언어의 표현기능만으로 족하다. 굳이 상대방에게 어떤 의사전달을 위해서 쓰는 것이 아니라 부치지 않을 편지, 받는 이 없는 편지라도 좋다는 말이다. 이러한 편지를 쓰다보면 자신의 육성을 듣게 된다. 평소에 듣지 못하던 자기의 그 목소리를 통하여 자기 생에 대한 되새김이 이루어지고 걸어온 길에 대한 반성이 이루어진다.

그러나 불행하게도 우리는 지금 편지를 잃은 시대에 살고 있다. 편지는 이미 오래 전에 전화에게 그 자리를 빼앗겼다. 더욱이 요즈음은 휴대전화 문자메시지에 가위눌린 상태이다. 아니 컴퓨터의 E-mail에 의하여 '확인 사살' 된 처지이다. 문화의 변화나 현대문명의 가속도를 탓하는 것은 아니다. 그러나 단시간에 끝나는 전화나, 재빠른 손놀림으로 전달하는 문자메시지와 컴퓨터 통신에는 내면의 육성도, 참회도, 되새김도 있을 수 없다. 거기에는 가을 편지가 가지는 고유한 '깊은 곳에서의 우러남' 이 존재하지 못한다.

오늘 오후에는 벤치에 앉아 낙엽이 날리는 공원을 바라보면서, 혹은 나무 둥치에 기대고 앉아 알록달록 단풍을 바라보면서 편지를 쓰자. 저녁이라면 더 좋다. 텔레비전은 켜지 말자. 책상이든 식탁이든 불을 밝히고 편지를 써보자. "가을엔 편지를 하겠어요./ 누구라도 그대가 되어 받아 주세요./ 낙엽이 쌓이는 날 ......" 콧노래를 흥얼거리면서 그리움의 텃밭을 일구어보자.

봄을 앓다

교정에 봄이 가득하다. 산수유가 피었나 했더니 목련이며 벚꽃, 진달래, 개나리, 살구꽃이 동시에 봄을 터뜨렸다. 벚꽃이 눈부셔 고개를 숙이면 잔디밭이든 화단이든 노란 민들레가 별처럼 반짝인다.

우리 학교 벚꽃 길은 꽤나 유명해졌다. 안전하고 주차공간도 넓으며 잡상인들의 천막이 없어서 특히 좋단다. 카세트테이프 노랫소리나 주점의 호객 소리를 듣지 않아도 되니 제대로 꽃구경을 할 수가 있다. 지난 연휴 때에는 2-3만의 시민들이 찾아와 봄을 즐겼다고 한다. 연인끼리, 가족끼리, 혹은 노부부끼리.

학생들도 벌써 한 열흘 전부터 들뜨기 시작했다. 강의실에 들어서면 책을 펼치지도 않고 "교수님~ 야외수업 해요!" 하며 조른다. "이렇게 아름다운 봄날에 공부가 되겠어요?"라든지 "교수님, 자연에 순응하며 살라고 하셨지 않아요?"라며 나름대로 논리도 갖다 붙인다. 못이기는 척하며 아이들과 밖으로 나온다. 맑고 밝고 투명한 봄기운이 온몸을 꿰뚫는다. 감당키 어려운 봄의 숨결이 느껴진다. 아, 화엄의 세계! 아찔한 현기증!

어느 해에는 꽃그늘에 앉아서, 또 어느 해에는 꽃길을 걸으며, 강의실에서 나누지 못한 이야기들을 나누었다. 사랑과 꿈, 그리움, 설렘, 피어남, 아픔... 뭐 대개 이런 이야기들이다. 어느 해에는 막걸리도 곁들여졌다. 이야기에 빠지다 보면 내 눈에는 꽃이 안 보였다. 눈동자 가득 아이들의 미소와 웃음소리만 들어왔다. 아니 사실은 그들이 꽃이었다. 그들이야말로 늘 꽃보다 아름다운 꽃이었다.

며칠 전에도 아이들과 꽃길을 걸었다. 바람에 꽃잎이 날리면 재잘거리던 아이들이 탄성을 질러댔다. 하기야 저 나이에 무엇엔들 즐겁지 않으리. 그러나 내게는 머리 위로 날리는 게 그저 눈가루 꽃잎이 아니었다. 그것은 추억이었다. 그리움이었다. 지금은 가버린, 꽃잎처럼 흩어진, 저 아이들 같은 젊음이 내게도 있었다는 안쓰러운 확인이었다.

길가의 벚나무는 해마다 줄기가 굵어졌다. 가지의 꽃송이도 주렁주렁 더욱더 탐스럽다. 이렇게 봄이면 학생들과 꽃길을 거닌 것도 어언 십 수 년이 넘었나보다. 아이들과 함께 흥분하던 젊은 교수는 이제 중년을 넘어가고 있다. 나무만큼 굵어지지도 못했고 꽃송이처럼 환하게 피어난 적도 없었음을 아쉬워하면서.

이런 저런 상념에 젖다보면 피어오르는 밖과 달리 내 안은 가라앉는다. 무겁게 무너져 내린다. 꿈과 동경의 계절에 함께 피어나지 못하고 오히려 뒤돌아보며 한숨을 토해낸다. 휴! 올해도 어김없이 봄을 앓는다. 얼마나 더 봄을 아파해야 할까?

인간의 냄새

가을 산은 화려하다. 산발치에서 시선을 사로잡는 단풍나무, 은행나무, 벚나무의 울긋불긋한 색깔도 곱지만 정상에서 내려다보는 계곡의 자연적인 낙엽활엽수림도 오만가지 색상으로 탄성을 자아낸다. 누가 산을 푸르다 했던가. 누가 숲을 일색이라 했던가. 감히 어느 화가가, 어느 물감으로 이런 비경을 채색할 수 있을까. 참으로 위대한 자연의 선물, 숲과 나무에게는 신비롭다는 말 밖에는 해줄 말이 없다.

이번 가을에도 전국의 모든 유명한 산은 행락객들로 인산인해를 이루었다. 이름 없는 대도시 근교의 산들도 사정은 마찬가지였다. 특히 주말이면 밀려드는 차량으로 등산로 입구 주차장마다 북새통이었다. 휴가를 즐기고 몸과 마음을 쉬면서 참살이(웰빙)를 추구한다는데 무슨 이의가 있을까. 다만 산을 찾는 일도 마라톤이나 다이어트 열풍처럼 무차별적으로 확산되며 혹시 숲을 훼손하지나 않을까 경계할 뿐이다.

숲은 무엇일까? 왜 망가뜨리면 안 되는가? 사실 인류가 번

성하기 이전에 지구는 숲으로 뒤덮였었다. 그 숲은 얼마나 울창하던지 인간에게 접근을 허락하지 않았다. 그것은 무시무시하고 위험한, 경우에 따라 생명의 위협마저 느끼게 만드는 두려운 존재였다. 영혼이 깃든 생명의 복합체로서 숲은, 그래서, 늘 신앙의 대상이었다.

그러나 인간이 도구를 사용하면서, 구체적으로는 신석기 혁명을 거쳐 농경사회로 이행되면서, 인간의 숲에 대한 투쟁이 시작되었다. 그러나 인간은 수만 년 간 숲을 장악할 수 없었다. 단지 그 일부를 활용하고 그 일부에 의지하며 살아왔다. 숲을 개간하고, 나무열매를 따먹고, 숲 속의 야생조수를 수렵하고, 연료와 주거재료를 숲에서 구했다. 그러나 숲에 대한 외경심은 여전했다.

특히 우리의 선조는 더욱 그랬다. 자연 친화적인 세계관을 가지고 있었기에 자연에 순응하며 살았다. 나무와 숲을 두려워할 줄 알았으며 나무와 숲이 모여 사는 산을 숭배하였다. 마을의 나무에 당목, 당산나무 등의 이름을 붙이듯이 나무가 모인 공간을 신성시하여 당숲, 당산, 당섬이라 하였다. 하물며 산이야 말해 무엇하랴. 산을 관장하는 산신신앙은 오늘까지도 강하게 이어지고 있다. 사찰마다 산신각이 있지 않은가.

그러나 최근 100년 사이에 인간은 숲을 지배(?)하기 시작하였다. 숲을 지배하면서 독점하고 능멸하였다. 숲의 주인이던 많은 야생 동식물들이 쫓겨나갔다. 인간은 마구잡이로 동물들을 사냥했고 나무들은 베이고 잘렸다. 어린 잡목은 짓뭉개졌다. 그 중 얼마는 심지어 단종의 위기를 맞았다. 인간의 가슴 밑바닥에 자리하던 '생명나무' 혹은 프레이저가 말하는 '황금가지'가 사라진 것이다.

아름다운 단풍에 취해 계룡산을 걸었다. 색채의 향연을 만끽하면서도 이런 저런 생각들이 이어졌다. 인파에 끼어 훼손된 등산로를 걷자니 문득 우리의 숲이 인간의 냄새로 너무 가득 찬 건 아닐까, 아니 냄새를 가득 채울 만한 숲조차 이미 사라진 게 아닐까 하는 의구심이 일었다. 그러면서 150년 전 북아메리카의 한 인디언 부족 추장이 미국 대통령 피어스에게 쓴 편지가 떠올랐다.

"이 대지는 신에게 소중한 것입니다. 대지를 해치는 것은 조물주에 대한 모독입니다. 백인들도 소멸할지 모릅니다. 아마 다른 종족보다 먼저 소멸할지 모릅니다. 당신들의 잠자리를 계속하여 오염시켜 나간다면 당신들은 어느 날 밤 자신들의 오물 속에서 질식하게 될 것입니다.

들소들이 모두 살육을 당하고 야생마들이 모두 길들여지며 성스러운 숲 속이 모두 인간의 냄새로 꽉 찰 때 그리고 열매가 무르익는 언덕들이 수다스런 부인네들로 인하여 더럽혀질 때 잡목 숲과 독수리는 어디서 찾겠습니까? 그리하여 이동과 사냥이 끝장난다는 것은 무엇을 의미합니까? 그것은 바로 삶의 종말이요, 죽음의 시작입니다."

"가이아는 어떠한 그릇된 행동도 다 허용하는 인자한 어머니도 아닙니다. 그렇다고 인간의 거친 행동에 의하여 쉽사리 해를 입을 수 있는 섬세하고 연약한 숫처녀도 아닙니다.

가이아는 꿋꿋하고 강건하여 온 세상을 편안하게 감싸주며 자신의 법칙에 복종하는 존재들에게는 언제나 안락함을 제공합니다. 그러나 자신의 법칙에 순종하지 않고 자신을 훼손하는 존재들에 대해서는 아주 무자비할 수도 있습니다. 가이아의 무의식적인 존재 목적은 이 행성을 생물들이 살기에 적당하도록 유지하는 것입니다.

만약 인간들이 이러한 가이아의 법칙을 거역한다면 가이아는 아무런 동정심 없이 인간을 멸망시킬 수 있을 것입니다. 마치 대륙간 탄도탄에 장착된 미세한 전자두뇌가 아무런 감정도 없이 그 미사일을 최대속도로 정확하게 목표물에 명중시키듯이." 가이아 이론가 러브록의 경고도 귓전에 메아리쳤다.

민들레와 기러기

세워둔 차를 타려고 화단 가에 갔다. "아!" 나도 모르게 탄성을 질렀다. 누런 잔디만 덮여 있는 줄 알았던 화단에 민들레가 피어 있었다. 그것도 한 두 송이가 아니라 잔디밭 전체에 골고루 박혀있었다. 눈부신 보석처럼, 혹은 밤하늘의 별처럼 어느 곳엔 촘촘히, 어느 곳엔 드문드문 진노랑 봄을 시위하고 있었다.

지난주부터 산수유를 필두로 목련이 피어났다. 개나리 꽃망울도 터질 듯이 부푼 것을 보기는 했다. 다만 시선이 미처 땅바닥을 향한 적이 없었던 것이다. 그만큼 일상에서 고개 숙이지 않는 삶을 사는 것일까... 잠시 헛웃음에 반성도 하며 눈길 가는대로 잔디밭을 둘러보았다.

놀랍게도 봄은 이미 온 땅에 퍼져있었다. 연한 파란색 '꽃마리', 깨알 같은 노란색 '꽃다지', 가는 줄기 끝의 '애기장대' 도 꽃을 피웠다. 뿐만 아니다. 쑥과 냉이, 토끼풀, 자운영, 괭이밥, 고들빼기 등도 싹을 틔우고 있었다. 언제나 느끼는 것이지만, 자연은 터가 넓고 좁음을 가리지 않고 모든 생명체에게 공평하다. 생명의 기운을 모두에게 고루 나누어 준다.

언제나 봄이 되면 제 색깔대로 제 모양대로 피어나는 꽃들을 보면서 깨닫는다. 교육도 저렇게 나름대로 꽃피우는 것이 아닌가 하고. 혹시 우리는 획일적인 한 가지 꽃밭만 고집하는 것은 아닌가 하고. 시간 다툼도 앞 다툼도 없이 그저 제 크기대로 피어나는 잎을 보면서도 반성한다. 다 때가 있는 법인데 우리는 너무 조급증에 걸려있는 것은 아닌가 하고.

지난해 조기유학으로 대한민국을 탈출한 초 · 중 · 고 학생들이 서울에서만 1만 2천 3백여 명이란다. 전국적으로는 2만 명 선을 쉽게 웃돌 것이다. 이 통계는 대학생 이상의 유학생이 아니라 조기유학생만을 가리키는 것이다. 왜 우리는 아이들을 그렇게 일찍 미국으로, 캐나다와 오스트레일리아로, 아니면 중국으로 내모는 것일까. 국내 교육현장이 황폐해 개인의 다양성을 키울 수 없어 그러는 것인가. 아니면 이른바 세계화에 맞추어 또 다른 획일화를 좇고자 함인가.

늘어나는 조기유학생들은 단란한 가정의 붕괴를 가져온다. 이른바 '기러기 아빠'가 양산되는 것이다. 철따라 한 번씩 왔다 가는 것이 기러기 아니던가? 아닌 게 아니라 봄은 왔는데 주변에 '기러기'는 사라지지 않고 있다. 아니 오히려 늘어나고 있다. 술 한 잔 하자며 한 기러기 아빠가 털어

놓았다. "내 마음에는 봄이 없다네. 절약하고 살면서 유학비를 부쳐야 한다는, 겨울처럼 차가운 현실만 있다네."

겨울

겨울 산은 참 쓸쓸하다. 따사로운 햇살에 피어나던 꽃잎도, 빗방울에 재잘거리던 푸른 잎도, 폭염의 결실인 검붉은 열매도 이제는 모두 가버린 추억이 되었다. 겨울 산을 오르며 마주치는 건, 그 대신, 삭풍에 사각거리는 삭정이들의 밭은 기침소리 뿐이다.

상신리에서 삼불봉으로 오르는 겨울 계룡산. 그 길은 마른 나뭇잎들과 계곡가의 메마른 수풀이 몸을 부딪히며 비벼대는 소리가 겨울바람에 환상적이다. 하얀 서리를 뒤집어쓴 메마른 풀줄기, 잎이 없어 오히려 질겨 보이는 넝쿨들, 풍상에 쪼그라든 채 잔가지에 붙어 있는 바싹 마른 나뭇잎, 살얼음 밑으로 가문 물줄기를 겨우 이어가는 계류, 이 모든 것이 나름대로 겨울철 동양화를 이루고 있다.

풀은 풀대로, 줄기는 줄기대로 온갖 식물들이, 아니 온갖 생명의 잔해가 엮어내는 겨울 숲 풍경은 언뜻 불모의 황갈색 일색으로 비춰지기도 한다. 그러나 구석구석을 살펴보면 놀라운 신비가 드러난다. 나뭇가지에는 혹한의 북풍에 흔들리면서도 봄을 꿈꾸는, 털옷을 입은 '꽃눈' 들이 있다. 언 땅의 칼날 같은 서릿발 속에는 두툼한 외투를 입은 듯 푸른 잎을 지키는 강인한 생명들이 있다.

저들은 눈 속에서, 얼음 속에서 무얼 하는가? 아, 그렇다. 저들이 하는 건 '기다림' 이다. 생명을 지키고 이어가기 위한 기다림이다. 말이 없으나 몸으로 보여주는 기다림이다. 하찮은 풀이지만 저들을 보면서 엄숙해지는 건 그 때문이다. 누군가 말했다. "모든 근원적인 삶의 형식에는 숭고함이 깃들어 있는 법" 이라고. 엄동설한을 견디는 저들의 기다림은 그래서 장엄하기까지 하다.

기다림에 대해 생각해 본다. 요즈음 우리는 기다릴 줄 아는가... 아득하다. 양말을 걸고 산타의 선물을 기다리던 일. 소풍을 기다리고 방학을 기다리던 시절. 편지 답장과 제대 날짜를 기다리고 기다리던 때... 그리고 기다림은 끝났다.

언제나 서두르고, 바쁘고, 못 참고, 급하고... 그랬다. 전화를 걸면서 착신 벨소리가 너댓 번 울리는 걸 못 참고, 컴퓨터 모니터가 1, 2초 늦게 뜨는 것을 못 견디고, 음식을 주문한 지 5분도 안 되어 "빨리빨리!" 이다. 우리 삶에서 왜 기다림이 사라졌을까? 언제부터인가? 어디서부터인가?

겨울산행은 가르치고자 한다. 겨울은 죽음의 계절이지만 죽음의 계절이 아니라는 것, 설사 죽음이라 하더라도 그것은 삶을 담보한 죽음이라는 것을. 자연은 오로지 말없는 기다림으로 재생과 진화, 성장을 꿈꾼다는 것을. 기다림이 있어야 한다는 것을.

산은 증언한다. 겨울은 끝이 아니라 새로운 봄으로 이어지는 다리라고. 이제 새해에는 그 다리에 다다르면 좋겠다.

봄의 교향악

목련이 피었다. 촛불보다 작은 봉오리가 촉처럼 돋아나더니 어느새 아기 주먹보다 커졌고, 마침내 더 이상 참을 수 없는 인고의 끝 인양 흰빛 순결이 터졌다. 목련꽃은 각각의 봉오리가 백색 불꽃으로 피어오르면서 전체가 한 그루 순백의 화염이 된다.

목련은 봄을 알릴 뿐 향유하지 않는다. '추운 겨울 헤치고 온 봄 길잡이 목련화는 새시대의 선구자' 일 뿐이다. 스스로 하얗게 타면서 생명의 불멸성을 증거하고서 곧이어 갈색으로 스러진다. 티끌 하나 묻지 않은 청순한 자태의 표상. 목련을 바라보자면, 그래서 더욱 눈이 부시다.

목련처럼 화려하게 등장하지는 않았지만 말 없이, 조용하게 진달래도 피었다. 동산을 둘러보니 한두 군데가 아니다. 진달래에는 눈부심이 없다. 아니 이상하게 진달래를 보면 눈부시기보다는 가슴이 시리다. 응달에서 핀 까닭인지, 바위틈을 비집고 난 탓인지, 아니면 가는 줄기 끝에 붙어 바람에 흔들리는 때문인지... 진달래는 아픔을 전해온다. 꽃잎이 날리는 것도 아닌데 슬프게 내 몸에 와 닿는다.

그것은 아마도 진달래가 청년의 심장 박동을 일깨워 주기 때문인지도 모른다. 진달래를 보면 목 터지게 부르는 울음, 못다 푼 선배들의 한, 우리 모두의 꿈과 좌절이 생각난다. 우리의 현대사와 함께 미아리, 수유리, 망월동도 떠오른다. 그래서 늘 진달래꽃의 살랑거림은 슬픔과 그리움이 묻어나는, 애타는 몸짓이 된다. 진달래의 분홍빛은 그래서, 연한 듯 하지만 핏빛보다 진할 수도 있다. 어쨌든지 진달래꽃은 오래도록 봄을 지키며 봄과 함께 한다. 우리 민족정서에 참 잘 맞는다.

분홍치마 진달래와 어울리는 노랑 저고리는 개나리이다. 진달래가 산등성이를 수직으로 물들이면 개나리는 산발치 경계에서 수평으로 흐드러지게 핀다. 둑길을 따라, 담장을 따라 혹은 옹벽이나 축대를 따라 금년에도 노란 봄 햇살이 펴졌다. 개나리만큼 봄 색깔을 확실하게 알려주는 꽃이 또 있을까.

화사한 개나리는 세상을 들뜨게 한다. 설렘, 분주함, 종종거림을 몰고 온다. "사람들아, 아직도 모르느냐? 봄이 왔구나. 때가 되면 물러가고, 철에 맞춰 찾아오는 자연의 질서를 보지 못하느냐?" 개나리는 봄빛을 반짝반짝 반사시키면서 황금색 부리로 끝없이 쏟아내 놓는다. 만물에 깃든 변함 없는 질서를.

산림청 발표에 따르면 우리나라 사람들이 좋아하는 꽃나무 1위, 2위, 3위는 이렇게 목련, 진달래, 개나리이다. 이제 주말이면 피기 시작할 벚꽃은 그 뒤를 이어 네 번째이다. 어쨌든 이렇게 앞서거니 뒤서거니 피어나는 꽃들과 더불어 벌써 4월이다. "돌아온 4월은/ 생명의 등불을 밝혀 든다./ 꽃피는 꿈의 계절아!/ 눈물어린 무지개 계절아!"

봄바람

바람이 분다. 봄바람이다. 봄에 살랑대는 바람은 폭풍우나 눈보라와는 달리 우리의 온몸을 부드럽게 어루만진다. 겨우내 움츠러들었던 우리 몸을 풀어주고 생명의 봄을 마시게 하여 생기를 더해준다. 숨을 쉰다는 것이 대기와 우주의 에너지를 받아들이는 것임을 일깨워준다. 비단 우리에게만이 아니다. 봄바람이 쓰다듬고 지나간 지상의 모든 것들은 기운을 얻는다. 녹고 풀리고 피어나려고 물이 오른다. 약동과 분출의 꿈을 꾼다. 봄바람에 흔들리는 나뭇가지는 겨울의 종말을 알리는 손짓이다. 이제 또다시 하늘로 뻗어 가겠다는, 푸르름을 길어 올리겠다는 의사표시이다. 그래서 봄바람은 누구에게나 어느 것에나 생명의 숨결이 된다.

바람이란 무엇인가. 그것은 흐름이다. 공기의 움직임이고 대기의 이동이다. 막히거나 고여서 썩지 않도록 바꾸어 흐르는 순환운동이다. 바람은 교체과정을 통하여 모든 것을 살린다. 바람이 통해야 김치도 제 맛이 나고 공기가 드나드는 옹기라야 장맛이 깊어진다. 바람이 통하지 않으면, 소통이 막히면 생명이 꺼지고 불꽃도 타오르지 못한다. 그래서 바람은 자연의 들숨과 날숨, 자연의 숨결이 된다. 가벼운 그러나 절대적인 숨결이 된다.

바람의 움직임과 이동성은 자유를 향한 꿈을 자극한다. 바람처럼 가볍게 떠돌고 싶은 욕망을 풀어놓는다. 일반적으로 정적인 인간이 카인형이라면 동적인 인간은 아벨형이라고 말한다. 그러나 사실 인간에게는 '정착하려는 본능' 과 '움직이려는 본능' 이 공존하면서 늘 다투고 있다. 다만 세상살이의 형편 때문에 보통 '머무르려는 욕망' 이 '떠다니려는 욕망' 을 지배하는 것이다. 그러나 바람이 불면 숨죽였던 자유에의 갈망이 고개를 든다. 그것은 '정주성' 이 강했던 사람에게 더욱 강하게 나타난다. 피어나고 싶고 날아오르고 싶어진다. 그래서 봄바람은 자유의 숨결이 된다.

봄이 되니 이사하는 집이 많다. 특히 대규모 아파트 단지에 살다 보면 거의 매일 이삿짐을 내고 들이는 것을 보게 된다. 그러나 그들의 이사는 자유를 향한 움직임이 아닐 것이다. 특히 외환위기 이후 우리 사회의 '이동' 은 더욱 그러할 것이다. 물론 현대 도시 사회의 특성 중에 하나가 '이동성' 이긴 하지만 너무 잦은 이사는 분명 우리 사회의 유동성, '뿌리내리지 못함' 을 말하는 것이기에 오히려 보는 마음이 좋지 못하다. 이들에게 어떠한 바람도 외풍으로 불지 않는 시절이 빨리 왔으면 싶다.

우리 사회에는 그 외에도 바람이 많이 있다. 80년대의 '국풍', 90년대의 '북풍', '세풍', 과외 열풍, 고시 열풍, 주식 열풍, 무역 역풍, 치맛바람, 춤바람 등 바람 잘 날이 없다. 이 모든 바람은 이상하게 격정과 폭풍우를 동반한 어둡고 뜨겁고 축축한 바람뿐이다. 우리 몸을 포근하게 감싸는 생명의 숨결, 자유의 숨결같이 신선한 봄바람을 기대하는 일은 정녕 무모한 바람일까?

쑥국

쑥국 냄새가 풍기는 식탁은 봄 향기로 가득하다. 쑥국은 뭐랄까 담백하고 은근하면서도 깊은 감칠맛을 전해준다. 옛날부터 쑥은 달래나 냉이와 더불어 동장군이 물러갔음을 미각으로 확인시켜주는 이른봄의 전령사였다. 쑥국을 한 숟가락 떠먹으면 입 안 가득 추억이 고인다.

많은 사람들이 그렇듯이 나도 어린 시절에는 나물을 캐러 갔었다. 대전에서 나서 대전에서 자랐지만 그 당시에는 집에서 그리 멀지 않은 곳이 온통 들이었다. 형도 누나도 없던 나는 동네 누나들을 따라 들에 나가곤 했다. 나물을 하러 가기 보다는 누나를 따라가는 친구를 동무 삼아 놀러 갔던 것 같기도 하다. 내가 과연 쑥을 얼마나 뜯었는지, 내가 한 나물이 정말 우리 집 찬거리가 되었는지는 기억에 없다. 다만 따뜻한 양지에 쪼그리고 앉아서 봄나물을 뜯는 누나들이 참 대단하다는 생각을 했다. 나로서는 구별이 잘 안 되는 나물과 풀들을 누나들은 가려 뜯곤 했던 것이다. 돌아올 즈음이면 동네 누나들 바구니에는 수북하게 쑥이 있었다. 그런 날이면 어김없이 이웃집에서 쑥버무리 한 사발이 건너왔고, 특히 할머니는 무척 맛있게 잡수셨다.

조금 더 컸을 때인가. 날이 더 풀리면 할머니를 따라 보문산 기슭으로 나갔다. 내 손에는 으레 건빵 봉지가 들려있었다. 할머니는 머리에 둘렀던 보자기에 뜯은 쑥을 담았고 나는 다 먹어치운 건빵 봉지에 내가 뜯은 쑥을 넣었다. 시간이 얼마나 지났을까. 나의 건빵 봉지가 제법 팽팽해질 때쯤 되면 할머니 보따리는 상당한 부피로 부풀었다. 그 날 저녁에는 쑥국이나 쑥 된장국이 밥상에 올라왔다. 경우에 따라서는 참기름이 반지르르 흐르는 쫄깃쫄깃한 쑥떡이 간식이 되기도 했다.

신령스런 쑥 한 줄기와 마늘 스무 쪽을 먹으며 백일기도를 드린 곰이 웅녀로 변했다는 우리의 건국신화 이래로 쑥은 우리 민족과 늘 함께 해 왔다. 어쩌면 우리 조상들은 언 땅을 비집고 가장 먼저 싹을 틔우는 쑥의 생명력을 높이 평가하면서 그 강인한 생명력을 우리 몸에 받아들이려 했는지도 모른다. 쑥은 땅속으로 뻗은 뿌리로 번식하기 때문에 아무리 짓밟혀도 좀처럼 죽는 법이 없다. 폐허가 된 집터는 늘 쑥이 먼저 점령하여 쑥대밭이 된다. 오죽하면 원폭이 투하된 도시에서 가장 먼저 싹을 내민 것이 쑥이라는 보고마저 있을까.

나물로서 뿐이 아니다. 쑥은 약성이 따뜻하고 매운 것으로 알려져 한방에서는 약재로도 이용된다. 말린 쑥으로는 쑥뜸을 뜨는데 사용하기도 하며 전기가 없던 시절에는 부싯깃으로도 쓰였다. 또한 여름날에는 쑥으로 불을 피워 모기를 쫓기도 하였으니 쑥은 어렵던 시절 우리 살림의 구비 구비에서 옛이야기와 추억에 닿아 있는 소중한 나물이다. 이제는 어느덧 쑥국 맛을 아는 나이가 되어 깊은 곳에서 우러나는 쑥 향기를 음미한다. 쑥이 동반하는 어린 시절과 할머니 얼굴을 미소로 맞으며 평화로운 봄 저녁을 즐긴다.

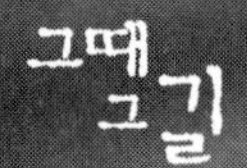
그때
그 길
박/찬/인/생/태/수/필/집

CHAPTER 02

그 길

여름 덕유 | 아름다워 더 외로운 | 백두산, 못 다한 사랑 | '길'
생명과 감사 | 찬밥 없는 숲 | 버드내 | 키우기와 죽이기
달이 뜨고 해가 뜨고 | 봉숭아, 기다림과 그리움의 미학
넝쿨장미 | 계룡산 가을 길

여름 덕유

여름 산은 참 시원하다. 산에 오르지 않는 사람들은 그걸 모른다. 그들은 '그러잖아도 더운데 뙤약볕에 땀을 뻘뻘 흘리는 아둔한 짓거리' 라고 예단할 뿐이다. 가진 세계가 좁기 때문이다. 뿐만 아니라 자기 세계가 세계 전체인 걸로 착각하기 때문이다. 하지만 산에 다니는 사람은 계절마다 달라지는 산행의 맛을 안다. 더구나 여름 산행 중 비라도 만난다면 그렇게 시원할 수가 없다. 마치 새롭게 세례를 받는 듯하고 투명한 녹색으로 정화되는 것도 같다. 생명의 환희를 느낀다.

지난 여름에도 덕유산을 종주할 기회가 있었다. 운 좋게 산행 시작부터 부슬부슬 비가 내렸다. 여름 산 속에서 만나는 비, '푸른 비(녹우綠雨)' 였다. 사방천지 녹음이 초록 세상을 배경으로 투명한 물방울을 머금다가 떨어뜨렸다. 그 소리가 영혼을 맑고 투명하게 씻어주었다. 내 몸마저 싱그러워졌다.

맑은 햇살이 비추이는 숲속에서도 생명을 느낄 수 있지만, 역시 '생명의 원천' 혹은 '원천의 생명'을 직감하는 것은 물과 겹쳐진 푸름인 것 같다. 그렇다. 누가 뭐래도 생명의 근원은 역시 물이다. 둥근 잎에 구르는 수정 알갱이든, 칼날 같은 풀잎에 늘어진 물방울이든, 녹음에 중첩된 물은 살아 있는 모든 것의 가능성을, 그 생기발랄함을 현시한다.

비에 젖은 등산로를 헤치면 잎에 쌓였던 물방울이 얼굴을 때린다. 높은 산의 물방울은 얼마나 차가운지 여름 더위와 땀방울을 일거에 씻어준다. 스스로도 재생하며 세속에서 찾아온 타자까지 새 생명의 맛을 보게 한다. 이 행복을 모두가 알지 못하다니 안타까울 뿐이다. 여름 산과 물, 이것은 새 생명의 마르지 않는 샘이기에 우리의 꿈이기도 하다.

그래서인지 프랑스의 숲과 공원에는 늘, 반드시 물이 공존한다. 때로는 연못의 형태로 때로는 시냇물의 형태로, 또 대부분은 분수와 샘의 형태로 나무와 숲과 함께 한다. 함께 있으며 삶에 지친 영혼을 달래고 위로하고 재활케 한다. 숲에 물이 있으므로 물에 비치는 빛이 있고, 물과 빛이 어울리니 '삶의 꿈' 혹은 '꿈의 삶'으로 진화한다.

그렇다고 여름 산에 물만 있는 것은 아니다. 빗소리에 잦아드는 풀벌레소리, 바람소리에 이어지는 물방울소리, 흘러가는 구름과 골짜기 골짜기를 감싸 도는 비안개 ...... 이 모든 유기체의 웅성거림, 혹은 속삭임! 심지어는 죽어가는 모든 무기체의 침묵마저 그 순간에는 한꺼번에 깨쳐 일어나 삶의 환희를 노래한다. 삶이 이토록 아름다울 수 있냐고. 삶이 너무나 아늑한 것 아니냐고. 저 아래 세상은 뭐가 그렇게 복잡하냐고.

여름 덕유평전은 천상의 화원을 펼쳐 놓는다. 아, 비안개가 휘돌아 오르는 배경 하에 은구슬을 머금은 꽃들은 얼마나 청초한지, 나그네의 영혼을 얼마나 고혹하는지! 노랑 원추리와 흰자주빛 비비추는 끝도 없이 펼쳐진 기본 융단이다. 그 위에 이따금씩 주황색 동자꽃, 진노랑색 마타리, 파스텔 톤의 범꼬리와 산오이풀, 뒤늦은 여로와 박새의 현란함, 음습한 그늘이면 어김없는 버섯. 사토다 싶은 곳에는 꿩의 다리, 산골무꽃. 지천에 엉겅퀴와 모시대, 며느리밥풀. 그리고 각종 취나물들, ... 천 미터 이상 고지는 늘 계절을 한 박자 늦춘다. 저 아래에는 가버린 늦봄의 끝자락을 아쉬워 붙들고 있다. 느림과 더딤의 미학을 보여주고 있다. 그래서 고향처럼 편안하고 할머니네 집처럼 정겹다.

덕유산 종주길 능선 등산로는 조록싸리와 조릿대가 무성하다. 어른 키 한 길이 넘는 곳이 많다. 요즘은 국립공원 어떤 산책로든 가지를 치지 않아 길이 아니 보일 정도다. 그 숲을 헤치자면 땀도 나고 힘도 들지만 다시 한 번 생명의 쉼없음과 끊임없음에 감탄한다. 지칠 줄 모르게 뿜어내고 뻗어내는 생명력은 한 계절에 길을 묻고, 다른 한 계절에 길을 감춘다. 저렇게 우거지는 삶의 추동은 어디서 나오는 걸까. 혹 고정된 식물성의 영원한 꿈은 아닐까. 비록 움직이지 못하는 뿌리이지만 가지라도 무한대로 뻗어 가능하면 먼 곳에 닿아보려는 '엑소티즘'은 아닐까. 그 생명성 앞에 한 없이 왜소해지는 자신을 느낀다. 과연 내게는 생명력이 남아있는 걸까, 아니면 그저 관성만 남아 쓰러질듯 쓰러질 듯, 멈추지 못해 도는 팽이의 구심력만 있는 걸까.

산을 내려올 즈음 비구름이 걷히며 뭉게구름으로 바뀌었다. 군데군데 짙푸른 하늘도 '님의 얼굴' 인양 눈부시게 드러났다. 그 구름을 보며, 그 하늘을 보며 흐림과 맑음이 두 개가 아님을 본다. 삶과 죽음도 연이은 것이며 마루와 골짜기가 결국은 한 덩어리임을 재삼 깨닫는다. 이 꽃 저 꽃으로 나는 벌과 나비를 보며, 무심하게 흘러가는 구름을 보며 속절없이 되뇐다. "가볍지 않으면 넘지 못하고, 버리지 않으면 오르지 못하나니!"

아름다워 더 외로운

가을이 깊을 대로 깊었다. 등굣길에 마주치는 나뭇잎들은 매일매일 새롭게 황홀함을 더한다. 노랑과 빨강, 초록. 그 삼색의 어울림이 만들어내는 무수한 색상의 스펙트럼. 그 색채의 향연, 다양함의 현기증! 예쁜 건 정말 꽃만이 아니다. 저 물든 이파리와 제 몸을 내어준 잎사귀의 헤진 틈새와 구멍들. 거기에 비치는 푸른 하늘. 또 어떤 때는 주변의 흐릿한 안개와 물기 머금은 낙엽. 단풍은 정말 꽃보다 아름답다. 대학 캠퍼스의 가을은 그래서 매일같이 감상하는 한 폭의 풍경화다.

단풍 물든 나무에 기대어, 혹은 울긋불긋한 단풍을 배경으로, 사진 찍는 학생들을 보면 기묘한 대조와 대비를 느낀다. 꽃 속의 젊음이 동종의 아름다움이라면 단풍 속의 젊음은 차별이 주는 대조와 대비의 아름다움인 것 같다. 늦가을, 11월, 다가오는 연말, 단풍 같은 황혼의 이미지에 젊음, 20대, 청춘, 피어남의 파릇한 이미지가 선명하게 겹쳐지기 때문이다. 붉은 잎이 반사된 그들의 얼굴이 더욱 붉다. 참 곱게도 붉다. 저들도 사진을 찍으며, 낙엽을 밟으며, 재잘거리고 해해거리며, 추억을 장만하는 것이리라. 세월이 가면 저들의 눈에도 나뭇잎 대신 추억이 날리고 낙엽 대신 회한이 뒹굴겠지...

단풍 하면 지리산 피아골의 단풍이나 오대산 소금강 계곡의 단풍도 빼놓을 수 없지만 뭐니 뭐니 해도 역시 설악산 단풍이 최고가 아닌가 싶다. 사십 리 가까이 굽이굽이 펼쳐지는 천불동의 단풍은 말을 잊게 만든다. 기묘한 암봉과 바위 틈새를 수놓은 색색의 무늬. 옥색 계곡물에 떠서 긴 여행을 하는 빨간 잎사귀. 그 이파리 위에 동그랗게 올라앉은 물방울. 계류에 비춰진 형형색색! 그 화엄의 경지 앞에서 "아!" 하는 감탄 말고 무슨 말을 이을 수 있을까.

지독한 아름다움은 마약 같은 것인지도 모른다. 다시 또다시, 여러 번 반복해서, 그 맛을 보고 싶고 듣고 싶고 냄새 맡고 싶은 것이다. 그래서 2주전 설악산 공룡능선에 몸을 던졌다. 암릉 22킬로미터. 우리나라 종주산행길 중 으뜸이다.

대청봉에 오를 때쯤 동이 트더니 붉은 해가 솟아나기 시작했다. 운무를 헤치고 어둠을 쫓아내며 떠오르는 태양은 언제 보아도 장관이다. 늘 경이롭다. 말 그대로 생명의 빛이다. 빛이 퍼지니 봉우리들도 보이고 단풍도 분별이 되었다. 봉우리 밑으로는 새벽안개가 바다를 이루었다. 말 그대로 천상의 아름다움이었다. 천국이 있다 해도 이보다 더 예쁠 것 같지 않았다.

설악산 산행 길은 처음부터 끝까지 어쩌면 그렇게 기암괴석과 기묘한 봉우리의 연속인지... 그 바위 사이사이에 곱게 물든 단풍을 감상하며 나 스스로가 하루 종일 단풍이 되었다. 빨갛게, 노랗게 물들었다. 극한 아름다움은 감동도 주지만 어떤 면에서는 사람을 더 외롭게 만드는 것 같기도 했다. 아름다워 외롭다. 절대 경지 앞에 선 실존의 외로움인지도 모른다.

굳이 까뮈(A. Camus)를 들먹이지 않는다 하더라도 실존의 부조리는 도처에 널려있다. 시간의 흐름을 거부하면서도 피는 꽃과 지는 단풍을 즐기는 것이라든지 또는 낙엽을 쓰는 데서도 언뜻 부조리가 드러난다.

출근길에 어김없이 지나치는 사람들이 있다. 언제나 한발 먼저 출근하여 낙엽을 쓰는 인부들이다. 커다랗게 메마른 갈색 목백합잎, 노란 은행잎, 알록달록 왕벚나무 잎들을 무더기로 쓸고 다닌다. 저 분들은 낙엽을 쓸면서 무슨 생각을 할까. 쓸고 있는 것이 혹 가버린 젊음이라든지 지나간 옛사랑, 어쩌면 빛바랜 흑백사진 같은 아련함은 아닐까...

이렇게 가을을 앓다보면 겨울이 오고 그러면 또 한 살을 먹을 것이다. 그렇게 되면 '나' 라는 단풍도 더 짙어질 것이다.

백두산, 못 다한 사랑

평생을 연모하던 '천지'를 오늘에야 볼 수 있겠다는 생각에 몇 단계에 걸친 비싼 입장료나 차 삯은 문제가 아니었다. 사방이 빽빽한 수목으로 가득 차 있었고 오직 눈부시도록 파란 하늘을 향하여, 울창한 활엽수림 사이로 꿈틀거리며 길이 나 있었다. 마치 하늘로 오르는 길이기라도 한 듯이.

채 5미터까지도 들여다 볼 수 없는 무성한 처녀림, 원시림을 10여 분 달렸을까, 백두산 발치에 이르렀다. 여전히 짙푸른 녹음이 온 세상 가득한데, 여기저기 자작나무 목피만이 흰색으로 무늬를 이루었다.

연길을 떠나, 용정과 이도백하를 거쳐 오는 세 시간 내내 대륙의 광활함과 고원의 트인 지평, 울창한 삼림을 신기해하며, 부러워하며, 아쉬워했다. 저 넓은 평원과 구릉을 내달리던 선구자의 자취는 간 곳이 없고 드넓은 땅, 비옥한 대지를 제대로 간수하지 못한 후손으로서 자괴감만이 마음을 무겁게 했다. 저 광야를 호령하던 조상들의 기개는 어디로 가고 안으로 안으로만 움츠러들었던가. 그러다 결국은 자투리 국토마저 동강내고 으르렁거리는 초라한 후손 아닌가 싶었다. 시야가 트일수록 가슴은 더 답답했다.

이제는 지프차로 갈아타고 정상을 향하여 꼬불꼬불 관광 전용도로에 몸을 맡겼다. 왼쪽으로 오른쪽으로 수없이 쏠리면서, 어린 시절 비포장도로의 추억도 되새기면서 활엽수림, 침엽수림을 빠져나왔다. 해발 2000미터가 넘으면서 식생이 달라지는구나 싶더니 관목과 초원의 고원지대가 나타났다. 그곳은 오만가지 산꽃 들꽃들이 촘촘히 별처럼 박힌 초록빛 비단자락이었다.

화산재가 쌓이고 용암이 굳어 이루어진 봉우리 경사면은 벌써 이국적이었다. 그 옛날 '불의 강' 이 흘러간 흔적들이 거대한 협곡으로 남았고, 시야가 탁 트이는 사방에는 산봉우리 하나 없이 대지 전체가 납작 엎드려 있었다. 백두산은 말 그대로 유아독존의 형국이고 저 멀리 대륙의 지평이 잔잔한 물결로 흰 구름 아래 흔들거릴 뿐이었다.

'천손족(天孫族)' 이라 믿었던 우리의 선조가 민족의 최초 둥지를 이곳 '흰머리뫼' 로 삼은 것은 지극히 당연한 일이었음을 백두산 봉우리는 몸으로 증거하고 있었다. 백두산은 정상 못 미친 기슭인데도 이미 그 신성함으로 우리를 압도하는 듯 했다. 그래서 이육사는 이렇게 읊었나 보다.

까마득한 날에
하늘이 처음 열리고
어디 닭 우는 소리 들렸으랴

모든 산맥들이
바다를 연모(戀慕)해 휘달릴 때도
차마 이곳을 범(犯)하던 못하였으리라 (...)

100여 미터나 될까, 200여 미터나 될까. 주위의 조망에 감탄하며 경사면을 오르니 아, 봉우리 사이로 드러나는 바다, 아니 호수! 신령한 물! 쪽빛 물결, 옥빛 물결! 쾌청한 하늘 아래 '천지' 였다. 어떻게 저렇게 맑을 수가 있을까. 어떻게 저렇게 고울 수가 있을까. ...... 솔직히 가슴이 막혀 말을 이을 수가 없었다. '천지' 를 묘사할 언어를 난 가지고 있질 못했다. 머리가 "띵~" 해지면서 한동안 현기증을 느꼈다. ("아~, 여기로구나. 이거로구나!")

바로 이 '천지' 가 동북아 평원에 젖줄을 틔웠다. '천지' 는 들어오는 물줄기는 없으나 나가는 물줄기로는 요녕성 쪽의 요하, 길림성 쪽의 송화강, 흑룡강성 쪽의 흑룡강, 그리고 두만강과 압록강을 열었다. 이곳의 옛 지명 '백산흑수' 는 백두산과 흑룡강 지역의 검붉은 들에서 따온 말 아니던가. '천지' 를 보면서 못다한 사랑을 느낀 문익환선생이 유난히 크게 다가왔다.

살아서 못 다한 사랑
천 길 무덤 속 고요한 어둠
뚫고 솟아나리
차가운 샘물로

못 다한 사랑 모이고 모여
내를 이루어 흐르리
목메는 강산 굽게 가슴에 수놓으며
흐르고 흘러 바다로 가리
바다로 갔다 구름 되어
못 다한 사랑 눈물로 쏟으리

--- 문익환, 「못다한 사랑」 전문

쉴 새 없이 셔터를 누르며 '천지' 를 담고자 했다. 우리가 오른 곳이 백두산의 북쪽 코스(북파 北坡)이고 보면, 호수 건너 정면에 보이는 곳이 백두산 남쪽 봉우리가 되고 좌측 북한 초소가 위치한 곳이 백두산의 동쪽이었다. 어떤 작가인가, 이곳에 오르면서 '백두' 의 앞전으로 오르지 못하고 장백산이라는 이름의 뒷전으로 알현하여 송구스러움을 느꼈다고 했다. 그러나 백두산이며 장백산이며 하는 것은 민족의 '우주산' 으로서 백두산의 입장에서 보면 아무 것도 아닐 것도 같았다. 그저 '무상' 인 것 아닐까.

호수의 황홀경에서 벗어나 저쪽 장군봉 너머 면면히 이어지는 강토의 뼈대 백두대간을 그려보았다. 나무를 알고 산과 사귀면서 귀에 딱지가 진 '백두대간!' 그 대간의 정점이며 절정이며 출발점에 서다니... 감동은 그칠 줄을 몰랐다.

아버지를 대하니 어머니가 떠오르듯, 수 없이 밟았던 지리산이 떠올랐다. 백두산이 아버지라면 지리산은 어머니 아니던가. 작가 박태순은 어디선가 이렇게 말했다. "국조(國祖)의 백두산이고 성모(聖母)의 지리산이다. 외우(外憂)의 백두산이고 내환(內患)의 지리산이다. 외우 속에서도 아버지의 산이 늠름한 기상을 돋보이고 있다면 내환의 어머니 산은 빠듯한 살림을 갈무리해놓는데 지극정성이었다. 아버지의 시련이 굳센 것이라면 어머니의 수난은 모진 것이었다."

아닌 게 아니라 지리산의 다른 이름은 두류산(頭流山)이다. 즉 지리산은 백두산이 흐르고 흘러 솟구친 '흘러온 백두산'인 것이다. 또 어떤 이들은 '흐를 유(流)' 자 대신에 '머물 유(留)' 자를 쓰기도 하는데, 두류산(頭留山)이라 하더라도 의미는 변함이 없다. 아니 오히려 더 깊어진다. '백두산이 흘러들어 아예 머물러버린 산'이 되는 것이다. 그래서 우리 민족에게 백두산과 지리산, 그리고 여기를 이어주는 '대간'은 단순한 산맥 이상의 의미를 지니는 것이다.

아, 백두산! 못 다한 사랑 언제나 나눌 수 있을까!

길

세상에는 길이 참 많다. 찻길, 뱃길이 있는가 하면 돌길, 물길, 꽃길이 있다. 오솔길과 골목길, 학교 길과 고갯길, 지름길과 에움길도 있다. 어디 그 뿐인가. 눈길, 손길이 있는가 하면 가야 할 길도 있고 가지 말아야 할 길도 있으리라.

이 모든 길 중에 '나'를 돌아보게 하고 '인생의 길'을 사유하게 하는 길은 들길이나 산길인 듯싶다. 그것은 거기에서 만나는, 스스로 넘치는, 자연 덕인지도 모른다. 한 줄기 바람, 한 줌의 햇살, 흘러가는 구름, 상큼한 풀꽃향기, 온갖 새소리. 무엇 하나 싫지 않은 게 들길이고 산길이다. 그래서 오래 전 국어선생님은 "들길이/ 남에서 오거나 말거나,// 산길이/ 북으로 가거나 말거나,// 소나기와 천둥 속에/ 홀로 넘치는// 노랑꽃/ 하얀 꽃// 구름 너머/ 백마 타고 오시는// 소식이 있거나 말거나"(조남익 「풀꽃」)라고 읊으셨나 보다.

혼자서 산행을 하다 보면 길 가운데 홀로일 때가 많다. 혼자 걷는다고 해서 외롭거나 무서운 건 아니다. 지나온 길이 뚜렷하고 나아갈 길이 분명하기에 걸음이 당당하다. 두려움보다는 호젓함에 오히려 즐겁다. 혼자지만 혼자가 아니라는 생각도 든다. 알지 못할 수많은 사람들이 그 길을 지났고, 또 알 수 없는 수많은 사람들이 그 길을 밟으리라 믿기 때문이다. 그 길은 '함께 하는 길' 임을 알기 때문이다.

그러나 이따금씩 들꽃이 흐드러진 야산 초입에서, 혹은 인적이 지워진 산등성이나 계곡 같은 곳에서는 길을 못 찾기도 하고 잃기도 한다. 어떤 때는 지나온 길을 돌아보기도 쉽지 않고 갈 길을 내다보기도 좀처럼 어려운 게 아니다. 그럴 때면 전후좌우 사방으로 헤매기도 하지만 결국은 지나온 길에서 실마리를 찾는다.

우리가 가는 길이 그렇듯 우리가 사는 길도 마찬가지일 것이다. 누구든지 분명한 길을 뚜벅뚜벅 걸을 때도 있겠지만 길인지 아닌지도 모르면서 비틀거릴 수도 있을 것이다. 과연 내가 갈 길이 무엇인가 고민도 하고 제대로 가고 있는지 회의도 할 것이다. 또 어떤 때는 처음으로 길을 내느라 지쳐 쓰러지기도 할 것이다. 그래서 길 찾기는 우리네 인생살이의 영원한 숙제인지도 모른다.

같은 이유로 프로스트의 「가지 않은 길」은 학창시절이 지난 지 오래되었으나 늘 새롭게 각인되어 되새김되는 것일 게다. "훗날에 나는 어디선가/ 한숨을 쉬면서 이야기할 것입니다./ 숲 속에 두 갈래 길이 있었다고,/ 나는 사람이 적게

간 길을 택하였다고,/ 그리고 그것 때문에 모든 것이 달라졌다고."

오늘 6 · 10민주항쟁 기념식을 보면서 다시 한 번 '길' 을 짚어본다. 오늘날 대학생의 대다수가 모른다지만 박종철과 이한열이 택한 길은 혼자 간 길이 아니었다. 20년 전 우리가 '가야할 길' 이었고 '함께 한 길' 이었다. 그런 길을 두고 루신은 말했을 게다. "애초에 길이란 없다. 여럿이 함께 가면 그것이 길이 된다."라고.

생명과 감사

여름 산길을 걷다보면 참 배우는 게 많다. 불과 얼마 전 싹이 트고 꽃이 피었는데 어느 틈엔지 신록은 무성하고 열매가 알알이 굵어 간다. 산행 길에 흔히 만나는 버찌는 6월도 가기 전에 새까맣게 익어 오가는 이의 입맛을 자극한다. 입술이 시퍼렇게 되도록 따먹다가도 "저렇게 왕성한 생명력이 있을까!" 감탄하며 부러워한다.

아닌 게 아니라 조금 후면 꽃피울 칡덩굴은 제외하더라도, 청미래덩굴이며 댕댕이덩굴, 박주가리, 며느리배꼽, 환삼덩굴, 담쟁이덩굴, 그리고 으름덩굴과 달래덩굴 같은 것들은 걷잡을 수 없는 생명력으로 줄기를 벋고 있다. 울창한 자연계를 지키는 첨병인 듯 인적이 닿는 곳과 자기들만의 세상, 그 경계에 가시 줄기를 벌여 놓는다. 푸른 생명과 그 생명의 성실함, 그 꾸준함에 지나온 길을 돌아보게 된다.

"우리는 이들 식물보다 한 3개월 먼저 새해를 시작했는데... 그동안 우리는 무얼 했는가. 얘들이 싹틔우고 꽃피우고 또 열매 맺어 익어가는 동안 나는 해놓은 게 무엇인가. 진정 인간이 만물의 영장이고 지구의 주인인가. 언제나 생산적인 이 숲과는 너무도 다르게 우리는 혹시 언제나 어디서나 너무도 소비적이지 않은가."

산행에서는 '생명' 도 배우지만 감사도 배운다. 계룡산 장군봉 능선을 타든, 아니면 덕유산 종주능선을 걷든 조금만 가다보면 스스로 낮아져서 고마움을 배운다. 비 오듯 땀이 솟고 숨이 헉헉거릴 때면 한줄기 바람이 그렇게 고마울 수가 없다. 비록 건듯 분다하더라도, 비록 찰나라 하더라도 산행 길에 몸을 씻어주는 바람 한 줄기는 그저 청량한 '고마움' 이다. "산 위에서 부는 바람 고마운 바람..." 을 노래하던 시절에 우리는 그 고마움을 사실은 몰랐다.

물이 떨어져 갈증을 느끼다가 만나는 샘물, 계곡물 한 모금은 또 얼마나 달콤한 은총이던가. 세상 어디에 그보다 감미로운 넥타(신의 음료)가 있을 수 있을까. 산행의 땀 흘림과 목마름이 없었다면 어떻게 물 한 모금의 행복과 감사를 체험할 수 있을까.

끝도 없는 오르막 암릉과 비탈진 내리막에서 네 발로 오르다 엎어지고, 미끌어져 내려오다 자빠져 보면, 다만 그저 평평한 땅, 흙길만 나와도 그게 그렇게 고맙다. 산길을 걸으면 이렇게 많은 게 바뀐다. 세상을 향한 겸허의 내공이 쌓인다. 그래서 언제나 산은 말 없는 스승이고, 산길, 숲길,

에움길은 그 날의 동행이면서 일생의 동행이고 사유의 반려이다.

찬밥 없는 숲

유럽이나 캐나다, 미국 등에서 보는 울창하고 광활한 숲은 우리에게 낯설다. 산지가 70%를 넘는 우리나라에는 평지 숲이 거의 없기 때문이다. 우리에게는 늘 숲이 곧 산이고, 산이 곧 숲이었다. 대전도 마찬가지이다. 대전의 숲은 식장산, 계족산, 금병산, 갑하산, 수통골, 구봉산, 보문산, 만인산 등 대전을 둘러싼 산이다. 여기에 장태산과 계족산의 휴양림, 우성이산과 월평공원이 더해져 대전이 푸르게 숨을 쉰다.

대전을 둘러싼 산길, 숲길을 걷자는 운동이 '대전둘레산길 잇기' 운동이다. 운동이 시작된 지 3년이 된 현재, 매월 둘째 주 토요일에는 100명 안팎의 시민들이 자발적으로 모여 대전의 둘레 산을 걷는다. 식생도 배우고 역사공부도 하고, 마을 유래도 들으면서 '대전사랑' 을 키워간다. 산행 후에는 사이버 '카페' 에서 서로가 찍은 사진을 공유하며 정도 나눈다.

특히 요즘 같은 성하의 계절에는 맑으면 맑은 대로 비오면 비오는 대로 그렇게 좋을 수가 없다. 어느 구간이든 스스로 풍족한 생명력이 넘쳐난다. 숨 한 번 크게 쉬면 가슴 가득 뿌듯함이 채워진다. 한 줄기 바람에도 감사함이 느껴진다. 그래서인지 여름날 산길에는 '찬밥' 이 없다. 콩밥이든, 잡곡밥이든, 아니면 빗물에 젖은 김밥이든 모두가 그저 똑같이 맛있는 양식일 뿐이다. 그러나 낙엽이 지는 숲길, 삭정이 가지가 사각거리는 산길에서는 웬만하면 모두가 찬밥뿐이다. 그래서 진정 푸근한 숲은 신록이 우거져야 하는가보다.

또 있다. 도시에서는 흔히 못 배우고 못 가진 사람이 '찬밥' 이 되는 수가 있다. 그러나 산길에서는 인생의 '찬밥' 도 없다. 배낭을 메면 젊은이나 나이 든 사람이나, 남자나 여자나, 부자나 가난한 사람이나, 지식인이나 노동자나 차별이 없다. 그저 동행일 뿐이다. 모두가 모두에게 공동체의 일원으로 '따뜻한 밥' 인 것이다.

그래서 프랑스의 화가 '마네' 는 「풀밭 위의 점심식사」라는 그림에서 도발적으로 나체의 작부와 정장을 입은 남자를 화면의 주인공으로 담았는지 모른다. 숲속에서는 유곽의 여인이나 정장의 사내나 모두가 같은 자격일 수 있다는 웅변은 아니었을까. 풀밭에 펼쳐진 과일이 유난히 빛나는 것은 그것이 '찬밥' 이 아니라는 인상적 표현이 아니었을까. 그러고 보면 숲속은 자연과 인간만이 아니라 인간끼리도 저절로 함께 하는 공동체 공간인 셈이다.

비록 자연 숲은 아니지만 요즘 한밭수목원에 가면 야생화원이든 습지원이든 관목원이든 온갖 꽃과 열매가 지천으로 흐드러져 갖가지 색과 향을 발산하고 있다. 유치원 어린이들로부터 중장년의 아주머니들, 청춘남녀와 노부부들이 때로는 벤치에, 때로는 원두막에 앉아 사랑과 추억을 나누며 '찬밥' 이 아님을 즐기고 향유한다. 참 보기 좋다.

이런 날은 시인 안도현의 「찬밥」이 공허하게 맴돈다. "가을이 되면 찬밥은 쓸쓸하다./ 찬밥을 먹는 사람도/ 쓸쓸하다.// 이 세상에서 나는 찬밥이었다./ 사랑하는 이여// 낙엽이 지는 날/ 그대의 저녁 밥상 위에/ 나는/ 김나는 뜨끈한 국밥이 되고 싶다."

버드내

수침교 아래 중구쪽 둔치에서 유등천을 따라 하류로 걸었다. 버드내라는 예쁜 이름과 어울리지 않게 물은 썩은 채 흘렀다. 하수종말처리장으로 인하여 많이 깨끗해졌다는 말이 무색했다. 초여름의 뜨거운 태양이었지만 강바람은 시원하게 땀을 씻어주었다.

기본적인 물길을 잡는 하천정비 시멘트 구조물. 그러나 그 위로 상류에서 쓸려 내려온 토사의 퇴적층. 덕분에 거의 자연 둑과 자연 물길을 형성하고 있는 많은 구간들.

퇴적물이 쌓인 곳에는 버드나무, 갈대, 고마리, 가래, 창포, 왕골, 골풀, 환삼덩쿨, 며느리밑씻개, 띠 등과 같은 습지식물이 왕성한 생명을 자랑하고 있었다. 이들 줄기 사이로 노랑나비와 배추흰나비는 물론이고 벌써 잠자리들이 날아다녔다. 얕은 냇가에는 쇠백로를 비롯한 온갖 새들이 여름을 즐기고 있었다. 습지식물을 거치면서 물이 다소 맑아지는 것 같더니 피라미들도 몰려다녔다.

둔치 위로는 잔디가 심어진 고수부지에 각종 풀들이 자라났다. 대부분이 어린 시절에 소꿉놀이나 장난감 재료였을 것이다. 그러나 이름이 기억나지 않아 들고 있던 식물도감을 뒤적이며 확인해나갔다. 말냉이, 민들레, 메귀리, 명아주, 각종 여뀌, 개비름, 웃자란 쑥대들, 왕바랭이, 뚝갈, 뚝새풀, 개피, 강아지풀, 엉겅퀴, 질경이, 쇠뜨기, 방가지똥, 닭의장풀, 지칭개...

그 외에도 여기저기 토끼풀 군락이 있었고 제철을 맞은 개망초와 기생초꽃이 어우러져 만발하였다. 개망초는 계란 후라이처럼 흰 바탕에 중심이 노란 꽃이고, 기생초는 진노랑 바탕에 중앙이 진한 자줏빛이다. 오후의 강렬한 햇살을 받은 야생꽃밭은 계절이 여름으로 치닫고 있음을 피어오르는 지열로 증언하고 있었다.

유등천은 삼천교 아래에서 대전천과 합류한다. 그 곳부터 강은 넓어지지만 수량이 그렇게 늘어나는 것은 아니다. 자연히 냇가 한가운데 흙과 모래자갈이 쌓여 대규모의 섬을 이룬다. 그 섬은 저절로 커다란 자연 숲이 되었다. 꽤 큰 나무들도 군데군데 서 있고 어른 키가 넘는 풀들이 처녀림을 과시하고 있다. 그곳에는 인간의 손이 닿지 않기에 온갖 새들이 보금자리를 튼다. 개개비, 물총새, 뻐꾸기, 딱새, 야생오리, 뱁새...

한발대교 밑을 거쳐 청송학생문예회관 옆을 지나기까지

강 가운데 처녀림은 계속된다. 온갖 새들의 지저귀는 소리가 이곳이 도시 한가운데임을 잊게 해준다. 자연의 생명력은 경이롭다. 사람의 손만 닿지 않으면 말이다. 이 썩은 하천 가운데서 이 멋진 숲을 마련하다니...

대전MBC 앞에서 이른바 대전의 3대 하천이 만난다. 그곳으로부터 엑스포다리, 대덕대교, 갑천대교, 만년교까지의 갑천변은 대전에서 사람 손이 가장 많이 간 곳이다. 그러나 물은 여전히 시커멓다. 나름대로 훌륭한 휴식공간이지만 그곳에는 처녀림이나 야생풀더미가 없다. 따라서 새소리도 없다.

갑천 둔치의 행락객 사이를 지나면서 롤랜드 에머리히 감독의 영화 '투모로우'가 떠오른다. 갑자기 식은땀이 송골송골 맺히는 듯하다. 자연을 자연으로 놓아둘 수는 없는 것인가. 적어도 자연에 깃들면서 자연을 의지하고 도모해야 하지 않을까.

키우기와 죽이기

4월 1일. 정말 화창한 봄날이다. 금요일이면 벌써 주말 분위기가 느껴지는 요즈음이다. 까닭 없이 들뜬 기분에 물 한 병 들고 식장산을 찾았다. 다른 해보다 철이 늦어 개나리도 진달래도 아직 피어나지 않았다. 그러나 세천수원지 입구 도로가에는 십자모양의 개불알풀 연청색 꽃이 수를 놓고 있었다. 수원지 푸른 물결을 뒤로 하고 계곡을 따라 올랐다. 무슨 노란 보석가루 보쌈인양 흰털괭이눈이 진노랑 꽃 더미를 여기저기 만들어 놓았다. 이따금씩 장끼의 "꿩!", "꿩!" 하는 소리가 나른한 봄날 오후를 깨우는 것도 같았다.

올 때마다 느끼는 것이지만 식장산은 정말 대전의 보물이다. 수원지 주변만 조금 벗어나도 아름드리 고사목이 나뒹구는 천연림을 만날 수 있다. 사람의 손때를 타지 않아 있는 그대로의 식생과 그 순환을 확인할 수 있는 곳이기도 하다. 이 골짜기 저 골짜기, 맑고 깨끗한 물도 마를 날이 없다. 그만큼 꽤 깊고 넓은 산인 것이다.

아직 양지꽃은 피지 않아 잎만이 파릇할 뿐인데 물가 돌 틈에는 연보라 빛 현호색이 눈길을 유혹하였다. 고개를 드니 졸졸거리는 계곡 물 위로 봄의 전령사 갯버들이 어지럽게 햇살을 반사하고 있었다. 생명체란 모든 것이 눈부시고 감동적이라는 당연한 깨우침을 다시 한 번 확인했다.

송골송골 맺히던 땀방울이 머리에서 빰을 타고 흐르기 시작했다. 몇 번이고 손으로 땀방울을 훔쳐내다 보니 어느새 독수리봉에 다다랐다. 거대한 새가 알을 품은 흔적인 듯 독수리봉 정상에는 100 평 남짓 움푹 패여 있다. 그곳에서 바라보면 멀리 남으로 산봉우리들 사이에 금산군 추부면이 보이고, 충청남도의 최고봉 서대산을 거쳐 동으로 옥천군 군북면이 내려다보인다.

구절사는 수직으로 떨어지는 동수리봉 남동사면에 자리잡은 정말 조용한 사찰, 아니 아담한 선방이다. 고즈넉하고 고풍스런 구절사에 들르니 몇 등산객이 샘물을 마시고 있다. 옛날에 쌀이 나왔다는 전설을 간직한 바로 그 샘이다. 텃밭에는 스님이 윗저고리를 벗은 채 봄을 일구고 있는데 살찐 누렁이는 봄볕에 졸면서 그 모습을 하염없이 바라볼 뿐이다.

다시 능선에 올라 북쪽으로 산행을 계속했다. 한 순간 "아!" 탄성을 질렀다. 정말 몇 십 년 만에 무덤가에서 그 꽃을 만난 것이다. 하얀 잔털 때문에 겉으로는 흰빛이 돌지만 속으로는 적자색 꽃. 애지중지 키운 손녀들이었건만 구박이 심한 큰 손녀네 집을 나와 마음 착한 막내 손녀네로 향하다가 얼어 죽은 할머니… 그 무덤에서 영혼이 다시 피어난 꼬부라진 할미꽃, 흰머리로 둘러싸인 할미꽃!

식장산 어디든지 비슷하지만 능선에는 꽤 굵은 적송들이 늘어서 있고 계곡으로 내려오는 비탈에는 활엽수림이 널려 있다. 굴참나무, 신갈나무, 상수리나무가 군집을 이루고 이따금씩 개암나무, 물박달나무도 눈에 띈다. 노란 경단처럼 노란색 꽃으로 산속에서 봄을 먼저 알리는 생강나무, 물가에는 어디든지 때죽나무…

제멋대로 자랐으나 실하게 굵고, 서로 다르지만 어울려 숲을 이루는 활엽수림 향내를 만끽하면서 '인간이 자라는 것도 저래야 하는 건데…', '교육이 인간 재목을 키우는 거라면 나무를 키우듯 해야 하는 건데…' 하는 생각을 했다. 문득 당나라 사람 '곽탁타'의 이야기가 떠올랐다. 그가 기른 나무는 늘 잘 자라고 열매도 잘 달렸다. 누가 그 방법을 물으니 탁타가 이렇게 대답했다.

"제가 뭐 나무를 오래 살게 하고 무성하게 만드는 능력이 있는 것이 아닙니다. 단지 나무가 그 본성을 발휘하게 할 뿐입니다. 무릇 나무뿌리는 펼쳐지기를 바라고, 그 북돋음은 평평하기를 바라고, 심는 흙은 옛날 흙이기를 바라며, 그 땅 다지기는 치밀하기를 바라는 법입니다. 저는 그렇게 해주고 나서는 움직이지도 않고 염려하지도 않으며, 놓아두고 가서 되돌아보지 않습니다. 돌볼 때는 자식처럼 하고 놓아둘 때는 버린 듯이 하면, 그 본성을 온전히 실현할 수 있습니다. 그러므로 저는 나무가 자라는 것을 방해하지 않을 뿐이지 나무가 크고 무성하게 할 수 있었던 것이 아닙니다. 또한 그 열매를 억눌러 없애지 않았을 뿐이지 열매를 일찍 익게 하고 많이 달리게 할 수 있었던 것이 아닙니다.

다른 나무 심는 이들은 저와 달라서 뿌리를 말고 흙을 바꾸며, 북돋움을 지나치게 하거나 모자라게 합니다. 설령 그렇지 않은 이가 있더라도 사랑이 너무 은혜롭고 염려가 지나치게 부지런하답니다. 아침에 보고 저녁에 쓰다듬으며, 한번 가고서는 되돌아와서 보고, 심한 사람은 나무껍질에 손톱질을 하여 그것이 살았는지 죽었는지를 살핍니다. 어떤 때는 그 근본을 흔들어 보아서 땅이 성근지 조밀한지를 살피니, 나무의 본성은 점점 떠나게 됩니다. 그들은 비록 나무를 사랑한다 하나 사실은 해치는 것이요, 비록 염려한다 하나 사실은 원수가 되는 것입니다."

'혹시 우리는 모든 젊은이들을 자르고 다듬고 가지치고 하면서 획일적으로 정원의 향나무인양 키우는 게 아닐까' 반성하면서 산길을 내려왔다. 나무와 숲은 언제나 훌륭한 선생님이다.

달이 뜨고 해가 뜨고

〈첫째 마당〉

헉헉거리는 가벼움

2005년 6월 8일 수요일. 5시 15분에 숙소를 나섰다. 시외버스터미널까지는 약 10분 남짓한 거리였다. 유월 초순의 새벽공기가 뱃속으로 깊숙이 파고들었다. 밤이면 더 짙어지는 꽃향기가 막 깨어난 후각을 자극했다. 그래, 전날 밤 11시 반에 구례 역에 내리자마자 가슴 속을 파고 든 것도 바로 이 꽃 냄새였다. 묘한 상상을 자극하는 밤꽃냄새!

터미널에서 성삼재행 버스 시간을 확인하고 가까운 식당에 들어갔다. 아직 잠이 덜 깬 듯한 초로의 아주머니가 첫손님을 반갑게 맞았다. 아침을 시켰다. 재첩해장국이 맛도 있고 빨리 나온다기에 그걸로 주문했다. 커다란 쟁반에 가득 반찬을 담아왔다. 열 가지였다. 4인용 테이블 한쪽에서 먹고 있자니 귀퉁이에 앉은 듯이 보였나보다. "모퉁이에 앉으면 못 씨유. 자, 가운데서 드슈." 내 옆의 의자를 빼면서 권한다. 예쁜 마음에 잔잔한 감동과 인간미를 느끼면서 갑자기 할머니 생각이 났다. '우리 할머니도 절대 모퉁이에 못 앉게 했었는데...'

6시 버스에는 나와 젊은 커플 한 쌍뿐이었다. 그들도 2박 3일 종주를 한단다. 첫날은 벽소령대피소, 둘째 날은 장터목 대피소에서 머물고 백무동으로 하산할 것이란다. 그들도 나도 들뜨기는 마찬가지였다. 14년간 성삼재 고개를 운행했다는 베테랑 기사는 "성삼재까지 오르는 데 96개의 커브가 있지만 난 눈을 감고도 운전할 수 있다"며 자랑이다. 아닌 게 아니라 "꽉 잡으세요!"라는 말을 몇 번인가 반복하며 급커브를 도는 경우를 포함하여 정말 수없이 돌고 돌며 고개를 올랐다(6시 25분).

성삼재 북쪽으로는 고리봉(1248m)-만복대(1434m)능선이 북으로 뻗어있다. 북서 편 아래 내려다보이는 산수유 마을과 온천지역이 정감어려 보였다. 휴게소 문도 열리기 전이라 사진 몇 장 찍고 산행을 시작했다(6시 30분).

노고단까지의 길은 꽤 넓은 산책코스로 다듬어져 있고 나무 이름표도 잘 정비되어 있는 자연 관찰로였다. 초여름 아침 햇살을 받은 나뭇잎들이 정말 싱싱했다. 함박꽃나무, 층층나무, 병꽃나무, 노린재나무, 쪽동백나무, 때죽나무 등이

제각기 짙은 향을 뽐내며 형형색색으로 꽃을 피우고 있었다. 산벚나무와 산뽕나무는 벌써 붉고 검은 열매를 주렁주렁 매달고 있었다.

한 30분쯤 걸었을까. 화엄사에서 올라오는 등산로와 만나는 곳에 조망대가 있었다. 화엄사계곡과 화엄사, 그 아래 마을은 안개 속에 뿌옇게 모습이 보이는 듯 마는 듯 했다. 노고단에서 시작한 계곡이 그리로 흘러 내렸다. 제법 등산로다운 길을 조금 오르니 노고단 산장(7시 15분)이다. 적지 않은 사람들이 아침 식사에 분주한 모습이다.

한숨 돌리고 노고단 고개에 올랐다(7시 25분). 노고단은 휴식년으로 출입금지 지역이어서 이 고개에서 노고단을 올려다보고 정상 근처의 방송 송신탑도 촬영하고 주위 조망도 하였다. 남쪽능선은 뻗어가다가 구름 속에 가리었고 저 아득한 끝에 왕시리봉(1243m)이 섬처럼 솟아있다. 동편 종주능선도 아침 운무에 가려 희뿌옇고 동쪽에서 비치는 햇살에 눈부실 뿐이었다. 다만 동쪽을 보고 10시 방향에 우뚝 솟은 섬 하나가 있으니 그게 반야봉(1732m)인가 싶었다.

고개를 출발하여(7시 35분) 북사면 탐방로를 따라 걸었다. 처음에는 평평한 흙길이 계속되면서 온갖 꽃향기가 폐부에 파고들었다. 돼지령인지 조금 평평한 곳을 지나고 첫 봉우리를 올랐다. 1424봉이었다. 이 길에서는 남쪽으로 왕시루봉 능선과 피아골 계곡이 한눈에 들어오고, 북쪽으로는 만복대능선과 심원골이 시원하게 보였다. 채 가시지 않은 잔운이 야속했지만 그런대로 신비감이 있어 좋았다. 조금 내려가니 다시 평평한 돼지평전이 나왔다. 피아골에서 오르는 등로와 만나는 삼거리(8시 22분)에는 '노고단 2,7km' 라는 이정표가 있었다. 이미 꽤 걸었나 보았다. 그곳을 지나 조금 더 가니 임걸령 샘터였다(8시 31분). 1400미터 고지대에 생수가 콸콸 쏟아지고 있다는 것이 믿기지 않았다.

시원하게 목을 축이고 1432봉에 올랐다가 노루목까지 길을 계속했다. 그런대로 내리막길이었다. 탐방로 옆에는 조릿대가 제일 많았지만, 애기나리, 금강애기나리, 풀솜대, 민솜대, 자주솜대, 산둥굴레, 층층둥굴레, 노루오줌, 지리터리풀, 삿갓나물, 눈빛승마, 눈개승마, 조록싸리 미나리아재비 등의 꽃들이 제 모양대로 제 색깔대로 천상의 화원을 만들고 있었다. 저 아래에서 한 달 전에 보았던 꽃들도 많았다. 지리산은 이렇게, 아래에서는 이미 가버린 봄을 한 달 이상이나 붙들고 있었다.

비록 혼자 걷는 길이지만 구름과 햇살, 알맞은 바람, 또 알 수없는 풀냄새, 꽃냄새, 새소리가 동행을 해주니 외롭지도 무섭지도 않았다. 또 심심찮게 마주치는 등산객들 덕에 적막감이 계속 이어지지도 않았다. 노루목(1500m, 9시 7분)에 이르러 잠시 갈등을 했다. 왼쪽으로 빠져서 1시간 반은 족히 걸릴 반야봉에 갔다 오느냐, 아니면 종주루트만을 계속하느냐 하는 선택을 해야 했다.

노루목 삼거리 바위에 오르니 뒤로는 노고단이 솟아있고, 서북쪽에 정령치, 앞으로는 삼도봉(1550m)과 거기서 흘러 내리는 불무장등능선, 오른편 아래 남쪽으로는 피아골 전경이 한눈에 들어왔다. 반야봉에 오르는 길을 따라 200미터쯤 갔을까, 배낭이 점점 무거워졌다. 종주코스에서 벗어난 '추가의 여정' 이라는 심리감이 작용한 때문인지도 몰랐다. 길곁의 수풀 속에 배낭을 감추고 맨 몸으로 반야봉(1732m)에 올랐다(9시 50분). 반야봉이 지리산 서부에서 가장 높은 봉우리이다. 하지만 정상은 밋밋한 대머리 형세여서 정복의 호쾌한 맛은 없었다. 다만 종주능선 앞쪽으로 천왕봉이 보인다는 사실이 특이할 뿐이었다. 그러나 구름 때문에 선명하지는 않았다.

잠시 땀을 식히고 서둘러 내려와 배낭을 찾았다(10시 20분). 다행히 손을 타지는 않았다. 서둘러 삼도봉에 올라(10시 40분) 전라남도와 전라북도, 경상남도의 경계 표지석을 구경했다. 삼도봉에서의 조망은 노루목과 거의 같다. 종주코스 앞쪽으로 토끼봉(1534m)이 보이는 것만 다르다.

5분간의 휴식도 아까운 마음에 길을 재촉하였다. 내리막길을 가다보니 머지않아 주능선에서 가장 고도가 낮은 화개재(1360m, 11시 정각)에 당도했다. 이곳은 제법 넓은 공터와 헬기장이 있다. 일종의 교차로인 화개재 북쪽으로는 뱀사골로 내려가는 길이고 남으로는 연동골-목통마을로 길이 이어져 있다. 화개장터의 짐을 나르던 이 옛길은 지금도 뱀사골 산장에 물건을 나르는 데 이용된다고 한다. 충분한 식수가 있었으므로 200미터 아래의 산장에는 들르지 않았다. 그 대신 신발 끈을 풀고 제법 오래 쉬었다. 따지고 보면 벌써 4시간 넘게 산길을 걸은 것이다.

체력도 바닥나기 시작하고 배도 고프고 해서인지 배낭은 점점 무거워졌다. 화개재에서 만난 MT 온 대학생 여남은 명과 앞서거니 뒤서거니 산을 올랐다. 어느 곳에선가 길 도중에는 버스에서 만난 커플이 쉬고 있었다.

"어, 이제 오세요?" 반갑게 아는 체를 한다.

"아, 예! 반야봉에 갔다가 오느라고요."

"그러시군요. 어쩐지... 우리는 천천히 갈게요. 이 친구가 벌써 너무 힘들어 하네요."

"그러세요. 운동 안 하던 여자 분에겐 힘든 길일 거예요. 천천히 조심해서 오세요."

쏟을 만큼 쏟았을 텐데 땀은 어찌 그렇게 끝이 없는지 몰랐다. 하루 종일 줄줄 흘렀다. 땀이 무서워 물을 마시지 않을 수도 없는 일 아닌가. 마침내 오전 계획의 종점 토끼봉(1534m)에 도착했다(11시 50분). 시장했으나 바로 밥을 먹을 수 없을 만큼 지쳤다. 쉬면서 전날 저녁에 챙겨온 도시락을 먹었다. 꿀맛이었다.

뿌리찾는 순례

점심을 먹고 가는 길(12시 20분 출발)은 이상하게 더 어려웠다. 배도 부르고 다리도 무거웠다. 배낭도 더 무거워진 느낌이었다. 스틱을 꺼내어 짚으면서 산을 탔다. 정년을 했음 직한 4명의 노년팀, 같은 직장에서 왔다는 7명의 울산팀과 잠시 동행이 되었다. 놀랍게도 삼삼오오 아주머니 팀들도 두 팀이나 만났다. 일산에서, 부산에도 각각 왔단다. 참 대단하다는 생각이 들었다.

중간에 총각샘이 나와야 되는데, 이제나 저네나 하면서 몇 개의 봉우리를 지났다. 이제는 바위능선과 구상나무, 소나무가 만들어 놓는 절경이며 비경들이 새롭지도 않았다. 셔터를 눌러대는 빈도도 뚝 떨어졌다. 그저 중간 목적지인 총각샘이 언제나 나오나 하는 생각뿐이었다. 또다시 큰 봉우리를 지나니 그게 명선봉(1586m)이었다. 얼마 안가서 사람 말소리가 올라왔다. 연하천대피소 700미터 전이었다(1시 35분). 발걸음이 빨라지고 가벼워졌다. 참 신기한 일이다. 총각샘을 보지도 못하고 연하천산장에 이른 것이다.

연하천 산장에는 열 명 남짓 등산객들이 쉬고 있었다. 바로 산장 앞에 샘물이 쏟아지고 있었다. 얼마를 들이켰을까. 아, 이 맛. 이 맛의 행복! 이 행복의 맛! 물 맛! 산장 앞에는 커다란 나무가 흰 꽃을 가득 달고 있었다. 야광나무였다. 밤에도 하얗게 빛난다는 야광나무. 확실히 꼭대기라서 계절이 늦은 것 같았다.

2시에 오늘의 마지막 6km를 마무리하는 발길을 시작했다. 식수를 채운 탓에 배낭도 발걸음도 더 무거워졌다. 이제 자신과의 싸움이었다. 끊임없이 자신에게 기력을 불어넣고 용기를 북돋우면서 '가다 쉬다' 를 반복했다. 헉헉거리는 숨소리가 이제는 가장 귀에 익은 음악이 되었다. 이상한 건 무거운 발과는 달리 머리는, 뭐랄까, 점점 투명해지고 맑아지는 느낌이 들었다. 갑자기 이건 순례라는 깨달음 같은 게 왔다. "그렇다. 순례가 별 게 아니다. 이런 극기의 길이 바로 순례이다." 새벽에 길을 떠난 지 8시간이 넘고 있었다.

지리산 종주 길의 한 중간에 형제봉이 있다. 높이 10미터가 넘는 두개의 커다란 바위 형제봉(1452m)을 지나고 얼마를 갔을까. 반복되는 나무 계단 길, 돌계단 길, 조릿대 흙길, 밧줄타고 오르는 길, 나무뿌리에 몸을 의지한 길... 수없이 이를 악물었다. 뱃속의 기름기가 다 분해되었는지 바지는 자꾸 내려갔다. 허리띠를 조르면서 '2인치는 줄었을까' 실소도 머금었다. 박정희정권 때 "허리끈을 졸라매고" 잘살아보자던 재건운동과 새마을 운동이 생각났다. 아닌 게 아니라 허리끈을 조르니 힘이 솟아 순간적으로 얼마간 지속되기도 했다.

갑자기 먼발치에 자색 지붕이 보였다. 반가운 말소리도 들린다. 아, 벽소령이었다(3시 40분). 관리인에게 예약확인을 하느라 배낭 속 지갑을 꺼냈는데 피가 뚝뚝 떨어졌다. 갑자기 무슨 일인가 싶었다. 진원을 찾으니 오른 손 세 번째 손가락 끝이었다. 면도기를 건든 것이다. 상처가 큰 건 아니겠지만 선혈이 마구 솟아 흘러내렸다. 깜짝 놀라 대일밴드를 감자니 옆에 있던 전라도 말씨의 등산객이 도와주었다. 동행인의 의리였다. 잔잔한 감동과 감사를 느꼈다.

수련회를 왔는지 많은 고등학생들이 보였다. 어느 여학생인가 끓는 기름을 엎어 오른쪽 다리에 상당한 화상을 입고 산장으로 업혀 들어왔다. 응급처방을 하고 붕대를 감고, 119를 부르고 야단법석을 떨었다. 119 앰뷸런스가 500미터 떨어진 작전도로로 올라오니 환자를 업고 그 길까지 가야 했다. 남녀공학이라서 다행이었다. 교대로 업고 가는 학생들의 땀방울만큼 성숙하리라 믿었다.

한동안 쉬었다가 이른 저녁을 먹었다. 낮에 만난 울산팀 중 한명이 와서 소주잔을 권했다. 연거푸 두 잔을 따라주었다. 술을 피해 왔으나 신기하게 이 높은 벽지에서도 술이 내게로 오는 것이었다. 나쁘지 않았다. 그는 "선생님 참 대단하심더. 우리는 예, 여럿인데도 힘들어 죽겠는데, 우에 혼자 종주를 하시능교?" 하더니 울산 근처에 '영남의 알프스' 도 좋으니 언제 오라고 권했다.

의외로 두 쌍, 세 쌍 부부끼리 온 팀들도 눈에 띄었다. 50

줄에 접어들었을 그들과 젊은 애들과는 확실히 먹는 것에서도 뚜렷한 차이를 보였다. 그들은 누구 하나 라면을 먹지 않았고 김치까지 가져와 찌개를 끓여 먹었다. 하지만 대부분의 애들은 라면 아니면 컵라면 혹은 인스턴트 국이었다.

짐정리를 하고 주위를 산책하다보니 석양이다. 서편에 지는 해와 이어지는 황혼은 나름대로 아름다운 풍경화를 연출했다. 첫 어스름 속에 능선이 운무에 잠기면서 봉우리들은 점점이 섬이 되어 갔다. 가까운 능선의 실루엣과 더불어 모든 풍경이 동양화로 변하고 있었다. 8시에 모포를 대여 받아 자리에 누웠다. 약간은 소란했지만 9시 소등과 함께 잠이 들다 깨다를 반복한 밤이었다.

4시에 눈을 뜨고 자리에서 나왔다. 간단한 세수와 볼 일을 보고, 체조를 마치고 배낭을 꾸렸다. 5시 정각에 대피소를 떠났다. 채 밝지 않은 등산로를 따라가며 몸을 풀었다. 어제 누군가 500미터라더니 한 1km는 지나서 작전도로가 나왔다(5시 18분). 어제 환자를 업고 이 길을 갔을 고등학생들이 얼마나 힘들었을까 생각했다. 한참을 걸으니 산중의 날이 밝으며 선비샘에 도착했다(5시 47분).

고봉준령을 밟고 서서 동트는 산하를 굽어본다는 것은 얼마나 호쾌한 일인가. 줄줄줄 땀을 쏟으며 아침 산행을 계속했다. 이따금씩 얼굴을 감는 거미줄이 방해도 되었으나 또 어떻게 생각하면 내가 거미의 밤샘 작업을 본의 아니게 방해한 것이 아닌가 하는 생각도 들었다.

어제도 그랬지만 암봉을 오를 때는 나무뿌리가 큰 도움이 된다. 수백 년 묵은 원시목의 뿌리는 거대한 암반을 부둥켜 안으며 육중한 제 몸무게를 지탱하고자 땅속 깊이깊이 파고 들어 있다. 등산객들에게 그의 뿌리는 굵은 것이든 가는 것이든 도처에서 밧줄이 되고 받침대가 되는가 하면 찬탄의 대상도 된다.

그렇다. 뿌리는 그래서 중요한 것이다. 우리가 뿌리를 뻗으려는 몸부림도, 상대방의 뿌리를 찾아 살피며 혼인하고 관계 맺는 것도 사실은 이 나무뿌리처럼 스스로를 지탱하고자 하는 본원적인 욕망이다. 객지에서 사는 사람들이 이제는 웬만큼 뿌리를 내렸다는 것은 그래서, 이제는 좀 살만하다는 것이다.

우리 가정의 뿌리는 어떨까. 아니 나의 뿌리는 제대로 박혀 있는가. 나는 과연 뿌리를 제대로 내렸는가. 혹시 아직도 착근을 못하고 여기저기를 더듬고 있는 것은 아닌가. 만약에 나의 잔뿌리가 여전히 헤매고 있다면 나를 통한 탐스런 열매는 기대할 수 없는 것 아닌가. 만약에 사람들이 이르길 '나' 라는 나무가 이미 열매를 매달고 있다고 한다면, 난 그 열매를 실하게 익게 하기위해서라도 뿌리를 제대로 뻗고 깊이깊이 파고들어야하는 것 아닌가. 갑자기 내 한 몸이 단순한 한 몸이 아니라는 깨우침이 든다.

영봉에 파리가 날고

언제인지 모르게 덕평봉(1522m)을 지났고, 전망이 좋은 어느 봉우리에 도착하여 아침햇살을 받으며 식사를 했다(6시 21분 - 7시). 좀 쉬었다가 길을 떠나니 5분도 못되어 칠선봉(1558m)이 발아래 있다. 칠선봉은 7개의 바위 봉우리가 기암괴석으로 수려하기에 붙여진 이름이다. 여기 저기 몸을 돌리며 사진을 찍고 길을 계속했다. 여전히 헉헉거리며 돌투성이 길들과 계단 길을 지나니 어느새 영신봉(1651m) 능선에 올라서게 되었다(7시 52분).

영신봉에서 보니 발아래 세석평전 넓은 평원이 펼쳐졌다. 둘레 12km에 30만평이 넘는 철쭉 군락지이다. 지리산의 여러 식생을 관찰할 수 있는 명소이기도 하다. 바로 코앞에 촛대봉(1703m)이 보이고 11시 방향으로 제석봉과 천왕봉이 보였다. 벌써부터 가슴이 설레었다.

영신봉을 떠나(7시 57분) 세석대피소에 들렀다(8시 5분). 물을 마시고 잠시 쉬었다가 출발하여(8시 15분) 천천히 식생을 관찰하며 오르니 20분 만에 촛대봉의 기암들이 눈앞에 펼쳐졌다. 멀리서 보면 촛농이 녹아 흐른 것 같다는 촛대봉이다. 5명의 아주머니 등반객이 인사를 한다. 분당에서 왔단다. 참 대단한 아주머니들이다. 10여 분간 사진을 찍고 놀다가 다시 20분을 걸으니 뜻밖에 장터목대피소에 이른 시간에 당도하였다(10시 3분). 하기야 이미 5시간 산행이었으니 짧은 길은 결코 아니다.

벤치에 누워 하늘을 보았다. 구름 사이사이에 드러난 파란 하늘이 정녕 '님의 얼굴' 이었다. 잠시 누웠다 일어나니 왠지 단 게 먹고 싶었다. '백도 통조림' 을 사먹었다. 허겁지겁! 학생 단체가 있어서 왁자지껄했으나 보기 좋았다. 이렇게 단체가 있으니 보름 전 대피소 예약 때 몇 시간도 안 되어 바로 끝났었구나 싶었다. 사실은 이곳에 예약을 못해서 천왕봉에서 중산리쪽 하산 길의 로터리대피소에 예약을 할 수밖에 없었던 것이다.

한 40분을 쉬고 다시 떠난 길(10시 45분)이지만 처음부터 녹녹하지 않았다. 하지만 어떻게 간들 1.7km를 못 가랴 싶었다. 천왕봉이 불과 1.7km였다. 땀구멍이 다 열렸는지 땀은 이제 움직이기만 하면 자동으로 쏟아져 내렸다. 700미터 거리에 있는 제석봉(1808m, 11시 정각)의 밋밋한 능선을 지났다. 제석봉의 울창하던 원시림은 자유당 말기, 도벌꾼의 남벌로 황폐화된 후 범죄현장을 은폐하고자 불을 질렀다고 한다. 인간에 의한 자연 파괴의 대표적인 예가 되는 곳이다. 등뼈에 붙은 갈비처럼 혹은 삭아가는 커다란 가시처럼 앙상한 구상나무 고사목만이 여기저기서 빛바랜 채 서있거나 누워있었다.

500미터 더 가니 천왕봉을 향한 마지막 관문 통천문이 나왔다. 다시 마지막 500미터. 마침내 다 온 것이다(11시 35분). 아, 천왕봉(1915m). 민족의 정기가 여기서 발원한다는 영봉, 천왕봉! 여기에 내가 왔다! 구름이 많이 끼어 시야가 깨끗하지 못했지만 모든 전경이 신비롭고 황홀했다. 모았다가 흩어지는 구름도, 운무와 운해도, 목덜미를 스치는 바람도, 또 정수리에 내리꽂히는 햇볕도, 모두가 조물주의 신묘한 조화였다.

사방으로 흘러내리는 능선과 점점이 떠있는 봉우리를 발아래 두고 서있다는 것은 말 그대로 '장쾌, 통쾌, 호쾌, 상쾌' 였다. 북쪽으로는 지리산 제 2봉인 중봉(1874m)-하봉(1781m) 능선, 동으로는 써리봉(1602m)능선, 북서쪽에 칠선계곡, 남쪽능선에서 서쪽으로 방향을 틀어 이어지는, 1박 2일간 밟아온 종주능선, 서쪽 멀리 섬으로 떠있는 반야봉, 남동쪽으로 중산리계곡... 천지 사방이 그림이었다. 동양화였다.

봉우리에서 점심을 먹을 때까지만 해도 꼭대기에는 한 20여 명이었는데 정오가 조금 넘어 밀양고 학생들이 200여명 올라와 북새통을 이루었다. 중산리에서 올라왔다고 했다. 사람도 사람이지만 봉우리 주변에는 수많은 파리들이 날고 이름도 알 수 없는 날 곤충들이 산행객을 성가시게 했다. 오염의 결과라 여기니 쓸쓸했다. 민족의 성지라는 곳도 못 지키다니...

몇 년 전 백두산 천지 생각이 났다. 운무에 휩싸여 천지를 볼 수가 없었다. 하지만 우리보다 1시간 늦게 올라간 사람들은 거짓말처럼 구름이 걷혀 천지를 감상했던 것이다. 시간도 많고 해서, 천왕봉에서 약 두 시간을 머물렀다. 혹시 구름이 "짠!" 하고 걷히길 기다리면서. 그러나 날이 아니었다. 구름은 점점 더 많아지고 두터워졌다.

중산리쪽으로 하산을 시작했다(1시 30분). 법계사로 내려가는 그 길은 온통 암반과 돌계단이었다. 천왕봉을 가장 짧은 시간에 오르는 길인만큼 당연히 급경사이다. 아들과 내려오던 설악산 오색약수터쪽 길이 떠올랐다. 로터리산장까지는 2.2km. 고등학생들과 뒤섞여 내려오니 정신이 없었다. 별 수 없이 한 20분 지체하며 학생들을 모두 보내고 호젓하게 길을 계속했다. 다음날 새벽에 일출을 보러 올라올 것을 생각하며 길을 기억하고자 했다. 외길이라서 큰 어려움은 없을 것 같았다. 법계사 아래 산장에 도착하니 2시 40분이었다.

예약확인을 하고 계곡에 내려가 몸을 씻었다. 소름이 일 정도로 시원했다. 숙소에서 약 1시간 낮잠을 자며 피로를 달랬다. 4시가 조금 넘어 짐을 다시 챙기니 다른 할 일이 없다. 궁여지책으로 이른 저녁을 준비하려고 밖으로 나왔다. 관리인에게 인사차 말을 건넸다.

"내일까지는 날씨가 괜찮죠?"

"아니오. 오늘밤부터 비 온대요."

"예? 그저께까지만 해도 주간 예보에... 내일 밤부터 비 온댔는 데요?"

"예, 그랬죠. 저도 알아요. 오늘 아침에, '오늘밤부터 비 온다' 는 예보가 나왔어요."

"아, 큰일이네. 내일 일출이고 뭐고... 이대로 있으면 내일 비 맞겠네요."

"비 맞아도 좋죠, 뭐."

"아이고, 비 맞으면 얼마나 무겁고, 얼마나 미끄러운데요. 시야도 가리고. 안되겠어요. 가야겠어요. 저 아래 진주 막차가 몇 시죠? 6시 반이라고요? 아이구, 큰일이네. 지금 4시 반인데..."

낮잠 자기 전에 물어볼 걸. 후회가 막급했다. 남은 하산 길은 약 6km였다. 급한 마음에 뛰어내렸다. 또다시 땀이 비 오듯 했다. 망바위, 칼바위 등 기암괴석도 제대로 음미하질 못하고 마구 달렸다. 한 시간쯤 지나니 계곡 물소리가 장쾌하게 들렸다. 거의 내려왔다는 신호였다. 그러나 길을 여전히 멀었다. 이곳은 골이 깊은 지리산 아닌가. 땀이 너무도 흘러내리고 지치기도 해서 계곡에 내려가 몸을 씻었다. 한결 나았다. 다시 길을 서둘러 매표소에 도착하니 6시였다.

그러나 주차장이 안 보였다. 지나가던 행인은 "2km 아래 마을에 가야 된다"는 것이다. 미칠 것 같았다. 다시 아스팔트 포장도로를 뛰었다. 배낭은 왜 이렇게 여전히 무거운가.

주차장에 도착하니 6시 28분. 그런데 버스가 안 보였다. 식당 아주머니에게 "진주 막차 떠났어요?" 물으니 7시 10분차란다. "아니, 산장에서 6시 30분이라고 했는데요." 하니까 "아직도 안 고쳐놓았나 보죠? 그게 언제 적 건데..." 하며 혀를 찼다.

기가 막혔다. 그러나 한숨 돌릴 수 있어 좋았다. 덕분에 맥주도 "원 캔!" 하고 산채비빔밥도 먹을 수 있었다. 진주까지 1시간 10분. 진주시외버스터미널에서 9시 막차를 타고 대전에 오니 11시가 채 못 되었다. 이렇게 지리산 종주가 끝났다. 아쉽지만 멋진 여행이었다.

〈둘 째 마당〉

물 한 모금의 행복

버스가 멈추는 듯한 느낌에 눈을 떴다. 채 8시가 안된 시간인데 버스는 이미 진주 요금소를 지나 시내로 접어들고 있었다. 대전에서 6시 10분 차였으니, 두 시간도 안 되어 진주시외버스터미널에 도착한 셈이다. 대전-진주 고속도로의 위력을 새삼 실감했다. 하기야 월요일 새벽이어서인지 출근 차림의 직장인들이 적지 않게 차에 오르는 것을 보고 변한 세월을 이미 느꼈는지도 모른다.

8시 30분발 시외버스에 몸을 싣고 낯선 풍경에 눈길을 주다보니 어느새 산청군 삼장면 대원사 주차장에 도착했다(9시 45분). 신발 끈을 다시 묶으면서 사실 내가 묶은 건 장장 20km, 오십 리의 등산로에 임하는 마음이었는지 모른다. 매표소를 통과(9시 50분)하자니 간단하게 인적사항을 적으란다. 탐방객의 안전을 위한 것이려니 생각하니 고마운 마음마저 든다.

대원사까지는 꽤 넓게 붉은 보도블럭이 깔렸다. 계곡 아래서 올라오는 물소리에 발을 맞추고 군데군데 용의 몸통으로 가지를 드리운 노송들을 친구삼아 대원사로 향했다. 아닌게 아니라 귓전을 때리는 거친 물소리는 이 계곡의 깊이를 가늠케 하고도 남았다. 호젓하게 혼자 오르는 탐방로에서 후각을 자극하는 건 도처에서 풍기는 꽃냄새, 밤꽃향기였다. 밤꽃은 아마도 한 달 내내 피어있는지 모르겠다. 이 은근한 향내는 중학생 시절의 나를 떠올렸다. '수없이 되풀이 되면서 풀어지던 그 꽃향기!

지리산의 동쪽 끝 대원사계곡은 골이 워낙 깊고 수량이 많아 남원의 달궁계곡과 동서 쌍벽을 이루는 계곡이랬다. 멀리는 가야시대 사람들이 살았던 흔적에서부터 가깝게는 빨치산 경남도당이 있던 곳이라고 읽은 기억도 떠올랐다.

30분이 채 안되어 고즈넉한 비구니 사찰 '방장산 대원사'에 도착했다. 경내를 둘러보고 약수도 한잔 마셔보고, 보물로 지정된 9층 석탑도 촬영하면서 한숨을 돌렸다. 절을 나와(10시 27분) 이제 계곡을 오른쪽에 끼고 길을 재촉했다. 아래와는 다른 넓은 암반과 계류, 은가루로 부서지는 작은 폭포와 쪽빛 웅덩이들이 연이어 펼쳐지는가 하면 수만 년을 물에 깎인 바위들이 형형색색 선경을 펼치기 시작했다.

어! 느닷없이 집들이 나타나는가 싶더니 민박이며 식당 간판이 군데군데 보였다. 계곡 중간에 있는 유평리 마을이었다. 깊은 계곡 중간의 마을이라는 낯선 풍경에 호기심이 일었다. 마을을 벗어난 외딴집 옆에 이정표가 눈에 띈다. 이곳이 갈림길이다. 그곳에서 꺾어 산길로 접어들면 한판골 코스이고 도로를 계속 따라가면 새재마을로 돌아 올라가는 신밭골 코스인 것이다.

산길로 들어섰다(10시 43분). 왼쪽에 작은 계곡의 물소리를 들으며 걷는, 어둡고 침침한 숲 속 등산로였다. 등산로 양쪽에는 허리춤보다 더 높이 올라오는 조릿대들이 끝없이 계속되었다. 이따금씩 마주치는 하산객들이 아니라면 소름이 돋을 수도 있는 정말 호젓한 길이었다. 가끔씩 얼굴에 걸리는 거미줄은 등줄기를 오싹하게 만들기도 했다.

비 오는듯한 땀방울을 쏟아내며 오르고 또 오르고, 쉬었다가 또 오르고... 줄줄줄 땀으로 범벅이 되고 계속해서 물을 마시고 또 땀을 흘리고, 하면서 깨달은 게 있다. 아니 어쩌면 환각인지도 모를 그 각성은 이런 것이다. "처음엔 땀이 흐른다. 이어서 체지방이 녹아 나온다. 그러더니 마침내 육체의 모든 진액, 이른바 육수가 배출된다. 그러면 남는 것은? 그래 그렇다. 이런 극기의 순례를 통해 남는 것은 정신뿐이다. 육체가 무화되어 고통을 못 느낄 때, 계속되던 힘듦이 사라지고 오히려 가벼움이 느껴질 때, 헉헉거리는 숨소리마저 정수(essence)만 남은 정신의 숨소리 같다"는 확신이 들었던 것이다. 그렇다. 어쩌면 우화등선(羽化登仙)이 이런 건지도 모른다.

끝없을 것 같았던 등산로가 고개에 이르렀다(12시 10분). 한판골을 다 올라 첫 번째 능선을 넘는 것이다. 시야가 좀 트인 능선 길을 따라 다소 평탄한 길을 오르고 내리는가 싶더니 이번에는 한 키가 넘는 조릿대 숲 사이로 작은 오솔길이 계속된다. 조릿대 숲을 벗어나고 얼마 가지 않아 저 아래 장당계곡에서 올라오는 물소리가 동행이 되어준다. 마시거나 씻는 일이 아닌 물의 새로운 역할을 깨닫는 순간이었다. 이제 시야가 트이고 멀리 들쑥날쑥한 암봉 능선도 눈에 들어온다. 그러나 봉우리를 싸고 휘감도는 운무 때문에 써리봉이고 중봉이고 보이지가 않았다.

어느 틈에 눈앞에 해발 920m 삼거리 이정표(오후 1시 5분). 유평에서 5km를 오른 셈이다. 조금 더 가니 무재치기 다리가 나왔다(1시 20분). 그 아래 계곡으로 내려가 찬물에 얼굴도 씻고 머리도 감았다. 살 것 같았다. 싸온 도시락으로 점심 요기를 했다. 떠난 지 얼마 되지도 않은 집이 갑자기 아득하게 느껴진다. 그리움을 낳는 건 오랜 시간이 아니다. 상황이다. 미소를 머금고 충분한 휴식을 취했다.

다시 길을 재촉하자(1시 55분) 얼마 안 되어 '무재치기 폭포 100m 우측' 이라는 이정표가 나왔다. '폭포수의 장관은 폭우 때가 아니면 보기 어렵다' 는 산행기가 생각났지만 그래도 보고 가자는 생각에 옆길로 접어들었다. 한 50여 미터를 가도 물소리는 들리지 않고 군데군데 용변 본 자리와 얼룩진 화장지, 그리고 파리 떼 날갯짓이 심란하여 발걸음을 되돌렸다. 지리산이라는 영원한 처녀림에서 느낀 첫 번째 실망이었다.

다시 헉헉거리는 정신의 숨소리를 측은지심으로 들으며 여전히 땀방울을 쏟아냈다. 이 구간에서는 마주치는 탐방객도 뜸했다. 기진맥진이라는 단어가 머릿속에 맴도는데 돌연 올려 뜬 눈 위에 집이 보였다. 치밭목산장(해발 1425m, 2시 25분)이었다. 얼마나 반가운 일인가!

다소 퉁명스러운 듯한 목소리로 "식수 채워 가요!" 하는 산장지기의 안내에 따라 200m 떨어진 샘터에 가서 물을 채우고 또 마음껏 마셨다. 힘이 솟았다. '물 한 모금의 행복' 이 바로 이런 것 아니겠는가. 땀 흘리지 않은 자, 어찌 한 모금 냉수가 주는 행복을 알겠는가.

하늘과 맞닿은 당신

산장을 떠나(2시 50분) 중봉으로 향했다. 거리는 6km였다. 하지만 이제부터는 고봉준령 능선을 오르고 내리는 길이라서 내가 좋아하는 코스이다. 처음엔 30분 정도 부드러운 흙길이 이어졌다. 한숨 돌린 뒤라서 새로운 기운도 충만했다. 더욱이 구름마저 걷히고 반가운 고공의 햇살이 내리쬐였다.

치밭목산장에서 1km 왔다는 이정표 앞에서 잠시 쉬고(3시 15-18분) 들쑥날쑥한 요철이 써레 같아 이름이 붙었다는 써리봉 능선에 접어들면서 백두대간 준령의 장쾌함이 나타나기 시작했다. 고봉준령, 기암괴석이 아름드리 고목과 어우러진 절경들... 장쾌하게 뻗어나가는 이름 모를 능선들... 앞으로, 뒤로, 또 옆으로 수없이 몸을 돌리며 셔터를 눌러댔다. 천상의 세계가 이미 눈앞에 펼쳐져 있었던 것이다.

힘든 줄도 모르게 써리봉(1602m)을 통과하고(3시 55분) 지리산 제 2봉인 중봉(1874m)에 도착했다(4시 35분). 남서쪽 코앞에 우뚝 솟은 게 천왕봉이었다. 암벽과 원시목으로 무늬가 수놓아진 검푸른 비단을 두르고 눈앞에 다가온 건 정녕 우리 민족의 어머니, 어머니의 정수리 천왕봉이었다. 서편 하늘에 해가 빛났고 파란 하늘을 배경으로 천왕봉의 선명한 윤곽이 뚜렷했다. 심장이 뛰었다. '아, 다 왔구나!

중봉에서 천왕봉은 직선거리로 몇 백 미터에 불과하고 탐방로를 따라가도 2km이지만 호락호락한 코스가 아니었다. 잘록한 안부로 내려갔다가 다시 올라가야 하므로 마지막 땀을 쏟아야 했다. 하지만 맑게 갠 하늘과 시원한 바람, 흩어지는 잔여 운무, 사방의 비경, 절경, 그 장쾌함과 호쾌함 등으로 힘든 줄 몰랐다.

마침내 천왕봉(1915m, 5시 10분)! 7시간 남짓한 등정의 마감. 봉우리 꼭대기에 '한국인의 기상 여기서 발원되다' 라고 음각된 비! 한반도 남쪽에서 하늘과 제일 가까운 곳. 천하가 발아래 있었다. 꼭대기에는 북쪽으로는 방금 지나온 중봉 능선, 동편에 써리봉 능선, 남동쪽엔 일출봉 능선, 남쪽으로 제석봉-연하봉-촛대봉으로 이어져 서쪽으로 방향을 틀어 계속되는 연신봉-칠선봉-덕평봉의 지리산 종주 능선, 저 멀리 구름 위에 젖가슴 같은 반야봉(1732m)의 두개 봉우리. 아, 천왕봉. 천왕봉! 불과 열흘 만에 다시 왔으나 감동은 전혀 새로운 것이었다.

맑은 하늘, 시원한 바람에 땀을 말렸다. 중봉능선을 경계로 동편에 머물던 운무도 어느 틈엔지 말끔하게 사라졌다. 인적도 거의 없어 말 그대로 천왕봉을 독차지할 수 있었다. 뉘엿뉘엿 지는 석양의 햇살을 받으며 제석봉을 향했다(5시 45분). 제석봉(1808m)은 인간의 환경파괴 결과를 극단적으로 보여주는 봉우리이다. 아름드리 고목들이 도벌꾼들에 의

해 베어지고 범행의 흔적을 감추고자 불을 질렀던 곳. 그래서 지금은 듬성듬성 구상나무 고사목만이 쓸쓸하게 남아있다. 제석봉에 도착하여 뒤를 돌아보았다. 석양에 붉게 젖어드는 천왕봉능선에 또다시 황홀했다.

장터목대피소(1653m, 6시 20분)에 도착하여 식사를 마치니 7시 30분이었다. 아직 해가 채 지지 않았는데 음력 14일 보름달은 동편하늘에 벌써 둥그렇게 올라와 있었다. 아, 지리산 꼭대기 장터목대피소에서 명월을 보다니! 한 30여분 공산명월을 바라보며 어두워지는 능선들을 조망하였다. 이름 모를 새소리만이 산속의 정적을 깨고 있었다.

피로를 달래고자 일찍이 자리에 누웠다(8시 30분). 산장에서 만난 사람들의 두런두런 이야기소리에 바로 잠들 수는 없었다. 9시에 소등이 되어도 여기저기서 잡담은 계속되었다. 자는 듯 마는 듯, 바로 누웠다가 옆으로 누웠다가 몸을 뒤척이며 시간을 보냈다. 몇 차례인가 시계를 보고 눈을 감고 반복하여 잠을 청했다.

6월 21일 새벽 3시. 눈을 떴다. 깊은 잠은 못 이루었으나 피곤은 상당히 풀렸다. 화장실에 가려고 밖으로 나왔는데, 악! 하늘에, 하늘에 별들이 쏟아지고 있었다. 아, 영롱한 수만 개 별빛들. 이렇게 많은 별 밭을 본 적이 그 언제였던가. 연애시절 주왕산 계곡 암반, 휴전선 철책 앞에서 올려보던 하늘, 또 언제였던가... 고개를 돌리니 주황색 달덩이가 연하봉 옆에 걸려 있었다. 달밤이 만든 능선들의 실루엣 또한 형언할 수 없는 그림이었다. 모든 게 조물주가 베푼 신묘한 조화요 비경이었다.

잠시 다시 누웠다가 일어나 천왕봉을 향했다(4시 정각). 일출시간이 5시 10분이니 천천히 오르면 맞겠다 싶었다. 헤드라이트를 머리에 쓰고 걷는 밤길은 특별한 주의를 요했다. 벌써 앞서 길을 떠난 불빛들이 멀리 보였다. 새벽의 시원한 공기가 폐부 깊숙하게 스며들었다. 신비한 새벽 숲 향기가 빨려 들어왔다. 이상하게 꽃향기는 새벽에 더 진하다. 상쾌한 아침이었다. 하지만 1.7km의 오르막은 호락호락하지 않았다. 제석봉까지는 그래도 나았으나 막판 오르막은 여전히 땀을 흘리게 만들었다.

천왕봉에 다시 이르러(4시 45분) 하늘을 보니 핑크빛 구름띠가 먼동이 터 옴을 알리고 있었다. 부지런한 사람들 수십 명은 이미 당도하여 사진도 찍고 담요도 뒤집어쓰고, 몇몇은 춥다고 덜덜 떨기도 하였다. 주위의 능선은 군데군데 구름으로 가려져 수십 개 봉우리들이 점점이 섬이 되어 있었다. 구름의 바다에 떠있는 섬이었다.

아, 아! 2005년 하지의 첫 해가 떠오르고 있었다(5시 15분). 저 멀리 붉은 불덩이가 조금씩 알몸을 내보이더니 영롱한 붉은 광선을 내뿜으며 해가 솟았다. 모두들 탄성을 질렀다. 3대가 적덕을 하여야 볼 수 있다는 지리산 천왕봉 일출.

그 일출을 지금 보는 것이었다. 그 감동을 어떻게 표현해야 좋단 말인가. 그저 "아, 아!"가 전부였다.

가족의 행복과 국가의 안녕을 기도하면서 감사했다. 40대 초반에 과부가 되어 7남매를 키우신 할머니가 1대 적덕이라면 7남매 맏며느리로 시집와서 25년 시집살이에 온몸이 망가진 어머니가 2대째 적덕이었다. 할머니가 돌아가시기까지 병수발을 하던 신혼의 손자며느리, 시부모를 모시고 살며 지금은 1년째 시어머니 병수발을 하는 며느리, 남보다 10년이나 늦게 자리를 잡은 남편 뒷바라지에 젊음을 다 바친 아내가 3대째 적덕의 장본인이라는 생각이 들었다. 그들이 없었다면 어찌 내가 천왕봉 일출을 볼 수 있었으랴.

높은 마루에 골이 깊어라

하산을 시작(5시 30분)하여 대피소에 돌아왔다(6시). 짐을 꾸리고(6시 15분) 종주능선을 탔다. 이제 본격적인 하산이다. 아침햇살을 받은 봉우리 암벽들이 붉은 빛을 띠었다. 이슬 머금은 만물들이 더욱 싱싱해 보였다. 일출봉(1720m)을 돌아 연하봉(1730m), 삼신봉을 거쳐 촛대봉(1703m)에 이르니 영신봉(1651m) 밑에 세석평전이 발아래 펼쳐졌다. 대피소(1543m)에 도착하여(7시 30분) 물을 채우고 아침 식사를 하며 휴식을 취했다. 산에서는 반찬 없는 밥이라도 한결같이 꿀맛이었다.

그곳에서 북으로 하산 코스를 잡았다. 한신계곡을 타고 내려가 함양군 마천면 백무동에 이르는 길이다. 돌계단을 내려가기 시작해서(8시 10분) 20분쯤 지나니 700미터 내려왔다는 이정표가 있었다. 다시 한 5분이나 흘렀을까, 계곡 물소리가 가늘게 들리기 시작했다. 연신봉쪽에서 흐르는 계곡의 시작이었다. 그곳부터 줄곧 계곡을 끼고 걸었다. 얼마나 걸었을까, 장터목 방향에서 또 한 계곡물이 합쳐졌다(8시 55분경). 이제 상당한 물줄기가 되어 거친 숨을 토해내며 급류가 흘러내렸다. 세석에서 2km 지점까지 왔을 때(9시 10분)는 온통 물소리 천지였다. 귀가 다 멍멍했다.

잠시 쉬었다가 길을 재촉했다(9시 20분). 30분쯤 내려가니 오층폭포가 저 깊은 계곡에 보이고 신비의 선경이 또다시 펼쳐졌다. 하지만 아쉽게도 계곡으로 접근할 수가 없었다. 조금 더 내려가니 유명한 '가내소'가 나타났다(10시 2분). 필경 선녀가 목욕을 했거나 용이 살았음직한 폭포와 시퍼런 물웅덩이였다. 그 깊이를 가늠할 수가 없을 지경이었다. 저런 곳에 겨울에 오면 장관이겠다 싶었다.

조금 더 내려오다가 탐방로에서 벗어나 눈에 띄지 않는 곳으로 골라 계곡으로 들어갔다. 땀에 젖은 옷을 벗어던졌다. 얼음장같이 차가운 물속에 머리를 담그니 피로가 말끔하게 사라지는 듯 했다. 팔 다리를 씻고 등과 배에도 물을 뿌렸다. 정말 시원했다. "에라!" 내친 김에 알몸이 되어 아예 물 속에 들어갔다. "으으으!" 최고였다. 지리산 계곡 찬물에 몸을 담그니 내가 바로 선녀요, 신선이었다.

한참을 쉬었다가 길을 계속했다(10시 55분). 물과 돌이 빚은 신묘한 선경들, 급류와 폭포가 연출하는 야생적 화음들, 원시목과 처녀림이 만드는 비경들을 즐기다보니 어느새 백무동 매표소였다(11시 35분). 하늘나라를 나들이한 꿈같은 산행이었다.

봉숭아, 기다림과 그리움의 미학

장마가 걷히고 본격적인 더위가 기승을 부리는 이맘때쯤이면 마당의 꽃밭이나 울타리 밑에는 봉숭아가 한창이었다. 자주 빛에서부터 진홍색, 분홍색, 흰색의 꽃들이 청초한 모습으로 우리의 시선을 끌곤 했다. 봉숭아는 화려하지 않게, 있는 듯 없는 듯 피어 있기에 어쩌면 뽐내거나 드러내지 않으려는 우리 민족의 정서와 맥을 같이 하는지도 모르겠다. 그래서 자연스럽게 일제시대에는 망국의 설움을 노래하던 꽃이 되었을 것이다.

"고려 충선왕은 몽고의 미움을 받고 왕위에서 내몰려 몽고의 수도에서 살았었다. 어느 날 한 소녀가 자기를 위해 가야금을 타는 꿈을 꾸었다. 소녀의 손가락에서는 피가 뚝뚝 떨어지고 있었다. 꿈에서 깬 왕이 이상하여 궁녀를 모두 조사해 보니 한 소녀가 손가락을 흰 헝겊으로 동여매고 있었다. 봉숭아물을 들이고 있다는 것이었다. 고려에서 끌려온 그 소녀는 왕이 무사히 고려에 돌아가시라는 염원을 담은 노랫가락을 가야금으로 들려주었다. 나중에 무사히 귀국하여 다시 왕위에 오른 충선왕은 그 갸륵한 소녀를 찾아 데려오려 하였으나 그 소녀가 죽은 후였다. 왕은 소녀의 정을 기리는 뜻에서 궁궐 뜰에 많은 봉숭아를 심게 하였다."

봉숭아가 가지고 있는 사랑의 기다림이나 그리움의 상징성, 혹은 망국의 한은 이렇게 천년 전부터 우리의 마음 속에 자리를 잡고 있었나 보다. 여름철에 소녀들은 봉숭아꽃으로 손톱을 곱게 물들였다. 봉숭아물이 든 손톱은 정말 예뻤다. 자매가 없었지만 나도 이웃집 누나들을 따라서 한 두 번쯤 새끼손가락에 물을 들였던 기억이 난다. 봉숭아 꽃잎에 괭이밥의 잎을 섞고 백반을 넣어 빻아서 손톱에 얹고 헝겊으로 싸매어 며칠을 보냈다. 그 때 누나들은 물든 손톱이 다 없어지기 전에 첫눈이 내리면 사랑이 이루어진다는 말을 했다. 자라서 생각하니 그 말은 역시 정태춘 박은옥의 노랫말처럼 '기다림' 을 함축하고 있었다.

"(......)/ 손톱 끝에 봉숭아 빨개도/ 몇 밤만 지나면 질 터인데/ 손가락마다 무명실 매어주던/ 곱디고운 내 님은 어딜 갔나/ (......)/ 초롱한 저 별 빛이 지기 전에/ 구름 속 달님도 나오시고/ 손톱 끝에 봉숭아 지기 전에/ 그리운 내 님도 돌아오소."

우리나라 어디에서나 볼 수 있던 다정한 꽃, 봉숭아가 사라지고 있다. 아파트 단지나 공원, 대학의 캠퍼스에는 온통 외래종 꽃들이 피어난다. 간혹 초등학교 꽃밭이나 교외 지역 음식점 같은 데라도 가야지 간간이 봉숭아 같은 재래종 꽃이 눈에 띌 뿐이다. 그러기에 어쩌다 만난 봉숭아꽃은 반가움 이상의 은은한 기쁨을 준다. 그 은근함은 매니큐어의 화사함이 아니라 봉숭아물의 수수함과 같은 그런 것이다. 지금은 잊혀진 그러나 소중한 우리의 아름다움 말이다.

넝쿨장미

바야흐로 장미의 계절이다. 아파트 울타리마다 넝쿨장미가 흐드러지게 피었다. 아침 햇살에 눈부신 장미를 바라보노라면 저절로 낙원의 주인공이 된 듯한 느낌이 든다. 정말 이 계절은 신의 축복을 받은 계절이라는 생각도 든다.

우리는 흔히 장미 하면 한 줄기 끝에 한 송이 꽃이 핀 장미를 연상한다. 사실 화원에서 1년 내내 파는 모든 장미는 그러하다. 그래서 우리 머리 속에는 한 줄기에 한 송이로 정형화된 장미가 자리잡고 있다. 하지만 울타리에 늘어진 장미를 꼼꼼히 들여다보면 우리의 선입견이 얼마나 잘못된 것인지 깨닫게 된다. 넝쿨 한 줄기에 매달린 꽃송이의 수가 뜻밖에도 엄청나다. 적게는 10여 송이에서 많게는 20여 송이 가까이가 한 줄기에 매달려 있는 것이다. "아, 그렇구나. 이 계절의 장미가 그렇게 아름다운 것은 주저리주저리 어우러져 함께 피기 때문이구나!"

우리는 살아가면서 많은 부분에서 이렇게 재단하고 자르

고 가꾸면서 정형화를 꾀한다. 그리고 스스로도 그 정형성 안에 들어가려고 몸부림을 친다. 하지만 흐드러진 장미가 증언하듯이 오히려 그 정형성에서 비껴 있는 것이 더 아름답고 더 생명력이 넘친다. 있는 그대로, 난 그대로 살아가고 피어나는 것이 더 건강하고 더 자유롭고, 그래서 더 싱싱하다.

자녀의 교육도 마찬가지라는 생각이다. 혹시 우리는 애정과 관심이라는 이름으로 넝쿨장미인 아이를 화원의 장미로 만들고 있지는 않을까. 꽃눈을 자꾸 잘라내면서 가지 끝에 한 송이만을 피우도록 강요하는 것은 아닐까. 사실 사람의 삶에는 정형성이 있을 수 없다. 부모의 몫이란 아이가 타고난 소양 그대로 자라게 하는 뒷받침에 한정되어야 할 것이다.

적지 않은 주부들이 추구하는 '아름다움' 도 같은 맥락이다. 30대나 40대가 가지는 아름다움이 20대의 아름다움과 과연 같을 수 있을까. 눈가의 주름이나 거칠어진 손등은 정말 아름답지 않은 것인가. 그렇지 않을 것이다. 아름다움에도 정형이 없다. 세월의 무게에 패인 주름도 산전수전 헤쳐가느라 생긴 기미도 충분히 아름다운 것이다. 있지도 아니한 정형성만 생각하지 않는다면 말이다.

지난 해 말이던가, 유엔의 어느 산하기관은 크레파스의 색 중에서 '살색' 이라는 단어를 없앨 것을 주장했다. 살색의 정형이 없기 때문이다. 사실 그렇다. 누구나 초등학교 시절, 사람 얼굴을 색칠하면서 '살색' 크레용을 칠한 적이 있을 것이다. 그러나 칠해 놓고 보면 그 색이 영 우리 살의 색과 달라 당혹함을 느낀 적이 있을 것이다. 따지고 보면 인종이 얼마나 다양한데 '살색'이 있을 수 있겠는가. 뒤늦은 감이 있지만 지금이라도 '살색'을 없애기로 한 것은 참으로 다행한 일이고 옳은 일이다.

울타리에 늘어진 장미 줄기를 바라보면서 정형화의 허상과 정형성에 대한 반성을 하노라면 이 계절의 장미가 더욱 아름답게 보인다.

계룡산 가을 길

지난 일요일에는 직장 동료들과 계룡산 산행을 했다. 신원사에서 출발하여 연천봉, 문필봉, 관음봉, 은선폭포, 동학사로 내려오는 여정이었다. 금방이라도 비를 뿌릴 것 같이 잔뜩 찌푸린 날씨였지만 모처럼 일상을 떠난다는 것 자체로 마음이 들뜨기에 충분했다.

마티 재를 출발지로 삼은 일부 일행을 내려주고 공암에서 왼쪽으로 돌아 신원사로 향했다. 공암에서 갑사나 신원사에 이르는 그 길은 호젓하기도 하려니와 특히 이맘때쯤이면 길옆으로 들국화가 한창이다. 많은 사람들이 코스모스가 피어 있는 가을 길을 좋아하지만 나는 코스모스 길 못지 않게 들국화가 널려있는 이런 길을 좋아한다. 코스모스가 알록달록 현란한 세계를 보여준다면 구절초 들국화는 은밀한 자기반성의 세계인 것 같아서이다. 어쩌면 코스모스가 색을 내세우는 꽃이라면 모든 국화류는 향을 전하는 꽃인지도 모르겠다.

등산을 시작한 신원사 주변에도 연보랏빛 들국화가 많이

피어있었다. 군데군데 시리도록 하얀 꽃잎의 구절초 역시 청초하게, 고고하게 눈길을 끌었다. 화분에 담긴 노란색 국화도 나름대로 아름답지만 역시 우리 선인들이 오상고절을 생각하던 사군자 중의 하나는 아무런 꾸밈이 없는 이러한 들국화가 아니었을까...... "국화야 너는 어이 삼월춘풍 다 지내고/ 낙목한천(落木寒天)에 네 홀로 픠엿ᄂᆞ니/ 아마도 오상고절(傲霜孤節)은 너뿐인가 ᄒᆞ노라" 가을 국화의 단아한 기품에 매료되어 자연스럽게 학창시절에 배웠던 이정보의 시조를 되뇌게 되었다.

연천봉에서 관음봉에 이르는 산봉우리는 울긋불긋 단풍이 한창이었다. 이른 바 '만산홍엽(滿山紅葉)' 의 정취 그대로였다. 추적추적 그칠 줄 모르는 가을비, 가는 비(細雨)가 스산한 느낌을 주었지만 모든 등산객의 마음에 가을이 물드는 데에는 부족함이 없었다. 봄꽃은 '피어나' 지만 가을단풍은 물 '든다' . '핌' 은 오름 즉 상승이고 가벼움이지만 '듦' 은 무거움이고 내림 즉 하강이다. 그래서 단풍을 보며 '가능하다면 나도 아름답게 단풍들어야지.' 이런 속절없는 생각을 해본다. '봄꽃만 예쁜 것이 아니야. 가을 단풍도 황홀한 거야.' 생각이 꼬리를 문다.

관음봉에서 은선폭포로 내려오는 길에 올라오는 여러 쌍의 연인들 혹은 젊은 부부들과 마주쳤다. 내리막길 단풍 속에서 만나는 젊은 남녀는 특별한 감흥을 준다. 보기에 좋다.

가을이지만 싱그럽다. 원로교수에게 말을 건넸다. "교수님! 요즘 들어 저들이 정말 아름다워 보여요. 저들은 낙엽이나 '마감의 시절' 에 아랑곳하지 않고 꿈을 나누면서 내일을 설계하겠지요?" "아니, 정말 그래? 이런, 박교수도 늙는구먼!" 원로교수가 웃었다. 그 웃음 속에 진한 단풍이, 가을의 색과 향이 담겨있었다.

그때
그길

박/찬/인/생/태/수/필/집

CHAPTER 03

그런 숲

끝이 시작인 까닭

10월말이나 11월초의 숲은 깊은 가을이다. 가을 숲은 겨울을 준비하고, 또 새 생명을 예고한다. 봄여름의 풍성한 숲이 그곳에 깃드는 사람에게 넉넉한 '향유' 를 제공한다면 늦가을 숲은 유난히 많은 '사유' 의 실마리를 드러낸다.

'상강' 이 지난 철(우리나라의 24절기는 대부분의 사람들이 생각하는 것과는 다르게 태양력을 기준으로 정해져 있다. 말하자면 경칩은 늘 3월 5,6일이고, 한로와 상강은 늘 10월 8일과 23일 전후이다.), 좀 이른 아침에 숲에 들어서 보자. 장동 산림욕장도 좋고, 상신리 계곡도 좋다. 또 아니면 계룡산 장군봉 능선도 좋고, 주말에 찾아가는 금산군 남이면 휴양림도 좋다. 아니 하다못해 시내 한복판에 있는 보문산 어느 자락도 상관이 없다.

9시 이전에 숲에 들어가면 안개가 자욱하다. 능선에 올라서면 시가지는 안개에 감춰지고 대전을 둘러싼 봉우리들만이 점점이 섬을 이루고 있다. 콧등은 빨개져도 먼 곳 풍경

(원경)은 참 포근하다. 반면에 주변풍경(근경)은 마른 풀잎, 꺾인 억새, 떨어진 나뭇잎, 차가운 물소리나 바람소리가 뒤섞여 괴괴한 신비를 자아낸다. 어느 곳이나 '전설의 고향' 같다.

이럴 때 깨닫는 것 하나, '숲에서는 혼자가 아니라는 것' 이다. 시끌벅적한 세속에서 벗어나 혼자만의 시간을 갖고자, 그것도 '명정' 을 욕심내어 이른 시간에 나와도, 홀연히 깨우친다. 진정한 의미에서 홀로일 수 없다는 것을. 점점이 섬으로 연결된 산줄기처럼, 햇살에 부서지는 이슬과 삭정이처럼, 인적에 놀라 도망치는 다람쥐처럼, 이제는 지친 날개조차 무거운 풀나비처럼, 그리고 안개와 바람처럼 대자연은 모든 개별자가 연결된 종합예술 무대인 것이다. 이러한 각성은 우월한 인간이라는 착각을 버리고 자연의 한 부분으로 귀속될 때 느낄 수 있는 것으로, 이때부터 비로소 우리는 자연과 소통할 수 있다.

시들고 메마른 풀잎들이 아침 햇살에 몸을 말릴 즈음 깨닫는 것 둘, '추상(秋霜)' 이다. 우리는 흔히 추상같다는 말로 '단호하고 위엄이 있는 것, 서릿발 같은 차가움' 을 나타낸다. 그렇다. 가을 깊은 아침, 숲속에 오면 자연의 엄중함을 느낀다. 여름이 6개월씩 지속되느니, 기후가 예전 같지 않으니, 어떠니 해도 가을 숲은 차가운 이슬과 싸늘한 서리로 생명의 절대적 시간을 보여준다.

추상의 단호함은 예외와 격차를 두지 않는다. 이 감나무는 감을 많이 열었으니까 푸른 잎을 오래 갖고 있고, 물봉선은 예쁘니까 시들지 말고, 솔새나 그령은 질기니까 더 오래 꺾이지 말고... 뭐 이런 차별이 없다는 말이다. 숲에서는 다소간의 시차나 색깔의 다양함은 있을지라도 모든 생명이 자연의 통제, 아니 지엄한 명령에 한 결 같이 잘 따른다.

그것은 뒤집어 생각하면 바로 생명의 자율성이다. 자연의 생명체는 무슨 명령을 받고 따르는 것이 아니다. 각자가 알아서 씨 뿌리고, 싹트고, 잎 피우고, 꽃 피우고, 열매 맺고, 시들 줄을 아는 것이다. 그러면서 다음을 기약하고 확신하는 것이다. 아, 뭇 생명의 자율성이 이룩한 시간의 절대성이여!

힘들게 매달려 있던 도토리나 밤이 툭툭 떨어지는 소리를 들을 때, 아니면 산딸나무와 작살나무의 열매가 투명하게 붉어지며 시선을 사로잡을 때 느끼는 것 셋, '부활' 이다. 어느 시인인가 '도토리에서 떡갈나무를 보는 어머니 마음' 을 노래하기도 했지만, 사실 씨앗들 하나하나에서 커다란 나무가 자랄 수 있다는 것은 놀라움을 넘어 기적이라 해야 할 것이다. 열매 하나가 나무 한 그루가 된다면 나무 한 그루 속에는 거대한 숲이 내재할 것이다. 한 개 씨앗이 땅에 묻혀 되살아나 나무가 되고 숲이 되리라는 부활의 명상! 그것은 가을 숲을 아쉬움보다는 기대와 희망으로 눈부시게 만든다. 유난히 빨리 저무는 가을 햇살에도 숲이 서운하지 않은 것은 숲이 품은 이러한 연대와 자율 그리고 부활의 아름다움 때문일 것이다.

물 만난 사유

7월의 숲에서는 쉽게 비를 만난다. 쾌청한 아침에 등산을 떠나도 갑자기 소나기가 내리곤 한다. 두어 시간 산을 오르다가 땀이 뒤범벅이 되었을 때, 등산로 참나무 숲속에서 만나는 여름비는 얼마나 시원한지! 또 얼마나 고마운지!

옛사람들은 그런 비를 녹우(綠雨)라고 불렀다. 아닌 게 아니라 산 속에서 만나는 여름비는 우리를 말 그대로 푸르게 한다. 하기야 우리만 싱싱하게 만드는 것이 아니다. 숲 속의 모든 가족들, 신갈나무나 서어나무처럼 키 큰 나무든, 산초나무나 싸리나무 같은 키 작은 나무든, 땅바닥에 붙어 자라는 양지꽃 잎들이든, 아니면 바위에 붙은 이끼들이든, 생명수를 맞으면 모두가 환희에 젖는다. 충만한 생명의 기쁨이 교향악으로 연주된다. 툭툭, 타닥타닥, 주룩주룩, 사그락 사그락, 똑. 똑. 똑.

그렇다. 물은 생명의 원천이고 근원임을 깨닫는 순간이다. 빗방울이 은구슬로 맺혔다가 구르는 이파리들을 바라보면, 작지만 투명하게 하늘을 담고 있는 물방울을 보노라면, "아, 물이 곧 빛이구나, 그래서 물이 생명이구나!" 확인하게 된다.

빗줄기가 가늘어져 비안개 운무(雲霧)가 끼면 숲속 세상은 마법의 세계로 바뀐다. 반쯤 가려진 길, 뿌옇게 감추어진 바위, 희미하게 드러나는 나무들, 봉우리 아래 조망은 들판인지 마을인지, 회백색 구름바다가 펼쳐질 뿐이다. 조용히 비안개를 응시하면 "아니, 그것이 피어오른다! 그건 분명 물방울일 텐데, 아래로 흐르거나 떨어지지 않고 위로, 하늘로 날아오른다. 햐!"

여기서 또 깨닫는다. '물은 생명의 본질인데, 그 형태는 빗줄기로, 물방울로, 시냇물과 강물로, 바다로, 또 지금처럼 안개입자로 끝없이 변하는구나. 가만히 있는 것, 정지하고 있는 것, 불변이나 무변의 것이 없구나. 그래서 무상(無常)이구나. 다시 말하면 생명은 애초부터 무상이구나. 그렇다면 나무는 이렇고, 풀은 저렇고, 동물은 어떻고 하는 말들은 다 수많은 속성의 부분들이구나. 눈에 띈 단면이구나. 자연무상, 제행무상, 삼라만상의 무상이구나.'

그렇다고 이 무상이 도피적이고 염세적인 차원에서, 허망함의 차원에서 해석될 것은 아니다. 그것은 생명이 끊임없이 진화하고 변화한다는 것, 다면적이고 다층적이라는 것일 뿐이다. 따라서 깊고 높고 다양한 생명을 담보하지 않은 규

율이나 규범, 원칙 같은 것은 얼마든지 오류일 수 있겠다 싶다. 마치 내 아이의 건강을 위하여 광우병 촛불을 드는 사람이 막상 생명으로서 초식동물 '소'에 관하여, 한 생명에게 인간이 저지른 죄악에 대하여 생각을 하지 않는 것이나 같은 결함일 수 있겠다 싶다.

그러고 보면 양지보다는 그늘에서, 높은 산마루 보다는 계곡바닥에서, 빛과 불보다는 물에게서 생명의 원천을 보고, 도와 진리를 본 것은 당연한 귀결인 것도 같다. 노자는 그래서 상선약수(上善若水)라 했겠다. 진리는 단 하나인데 그것을 가리키는 말은 천 개가 넘는다는 뜻을 비유하여 "달은 하나인데 (공간을 달리하여) 천 개의 강에 비췬다."는 '월인천강지곡(月印千江之曲) 세계도 어렴풋이 느껴진다.

비 그친 숲에서는 두꺼비가 느릿느릿 지나가고, 이슬 머금은 풀잎 위에는 노란 발가락이 앙증맞은 청개구리도 나타난다. 나무 둥치에 있는 듯 없는 듯 '집 없는 달팽이', 낙엽 위에 굵은 지렁이 모두가 나도 자연의 당당한 구성원임을 과시한다. 비는 세상을 넉넉하게 한다.

언제 그랬냐는 듯 구름이 걷히고 뙤약볕을 걷게 되는 수가 있다. 지리산 종주 길이나 설악산 소청봉에서 만나는 샘물은 생명 자체라 해도 과언이 아니다. 그게 없으면 생명의 죽음이다. 그런 샘물에서 물길이 생겨 계곡이 되고 소(沼)가 되고 담(潭)이 되고 계류가 된다. 당연히 물길을 따라 우리가 다니는 길이 난다. 거창하게 도(道)는 모르더라도 물길 옆 거기에 길이 있다.

둘레산

대전은 산으로 둘러싸인 분지이다. 80년대까지는 식장산, 보문산, 계족산이 오늘날의 구도심을 에워싸고 있었다. 그 한 복판을 유일한 하천 대전천이 가로지르며 흘렀다. 인구 30만 남짓한 지방의 아담한 중소도시였다. 80년대 이후 이른바 근대화와 도시화가 급속하게 진행되면서 인구도 늘어나고, 빌딩이 세워지고, 도시면적 즉 콘크리트 면적이 넓어졌다.

2006년 6월 현재 대전의 인구는 약 150만에 달하고 면적 또한 서울특별시를 제외하고 가장 넓다. 유등천에 이어 갑천이 대전의 중심에 놓이게 되어 대전에 3대 하천이 흐르게 되었다. 계족산 북동 끝자락에서, 보덕봉과 오봉산, 금병산, 우산봉과 갑하산, 수통골의 계룡산, 구봉산, 사정공원, 보문산에서 이어지는 만인산 등이 오늘의 대전을 둘러싸는 울타리가 되었다.

대전이 5대 광역시에 속하면서 모든 거리는 포장되고 도시는 아파트 숲으로 덮였으며 마을과 동네 개념이 사라졌다. 소득은 올랐다고 하나 시민들의 삶은 팍팍해지고 이웃과의 소통은 단절되었다. 산업화와 도시화에 익숙해진 시민의 시선은 늘 도심을 향하면서 잿빛 콘크리트 건물 속에서 무언가 갈망했고 또 좌절했다.

만 7년 전이던가. 대전 시민 사회에서 생명을 갈망하는 움직임이 일었다. 생명의 자연, 자연의 생명을 찾아 가꾸고 지키려는 운동이었다. 자연친화적인 생명의 숲 운동이 확산되면서 이제 대전을 둘러싼 생명에, 대전의 산소 탱크에, 대전을 둘러싼 산들의 무한한 가치에 시선이 모아졌다. 이른바 '대전둘레산잇기' 운동이었다.

대전을 둘러싸고 있는 산들을 연결하여 시민에게 돌려주자는 이 운동은 시민들의 열렬한 지지와 성원을 받았다. 총연장 약 120킬로미터의 둘레 산을 12구간으로 나누어 한 달에 한 구간씩 답사를 하고 시민과 함께 안내등반을 시작하였다. 1년 만에 대전을 한 바퀴 돌았다. 지난해 초가을 역순으로 대전을 한 바퀴 더 돌기로 했다. 매월 셋째 주 일요일에는 적어도 60-70명의 가족단위 시민들이 모여 둘레 산을 돌며 생명의 숲에 관하여, 대전의 역사에 관하여, 그 속에 살던 인간들에 관하여 듣고 배우길 반복한다.

지난 6월 18일에도 제 8구간 '빈계산 ~ 삽재' 구간의 등반이 있었다. 여전히 많은 시민들이 참여하였다. 달포 쯤 전

수통골을 찾았던 사람들은 기억할 것이다. 너무나 많은 나비 유충과 나방이 유충이 나뭇잎들을 다 갉아 먹고, 여기 저기 나뭇가지에서 실을 늘어뜨리고 매달려 꿈틀거렸었다. 제대로 산행을 할 수 없을 만큼 많은 개체 수였기에 산을 망치지나 않을까 걱정도 적지 않았다. 그러나 이번에 보니 모든 나무가 새로운 잎으로 눈부시게 푸르렀다. 자연의 복원력, 아니 말 그대로 자연의 생명력은 경이로웠다.

뿐만이 아니었다. 얼마 전에 꽃을 피웠는가, 잎이 돋았는가, 했던 나무, 덩굴, 풀에는 언제 그렇게 자랐는지 굵직한 열매들이 탐스럽게 달려있었다. 인간이 짧기만 하다고 아쉬워하던 그 봄에, 불과 두세 달밖에 안 되는 그 같은 기간 동안 대자연은 이렇게 보란 듯이 무에서 유를 창조해 놓았던 것이다. 오직 햇빛과 바람과 물과 흙만을 가지고 생명의 신비를 펼쳐 보이는 것이다.

산에 다니면서 항상 느끼는 것이지만 자연은 정말 늘 새롭고, 늘 알 수 없고, 그래서 늘 신비롭다. 그래서 늘 최고이며 원천이며 생명이다. 그 날도 '대전둘레산잇기' 에 참여한 시민들 모두가 숲의 생명에 감탄하며 산행을 하였으나 사실은 그들이 이미 더욱 싱싱한 생명이었다.

자연의 분노

이번 가을에도 설악산을 세 번이나 찾았다. 한번은 오색에서 대청봉, 소청봉, 수렴동계곡을 거쳐 백담사가 있는 내설악으로, 한번은 오색에서 대청봉, 희운각, 천불동계곡을 거쳐 외설악으로, 세 번째는 흘림골, 등선대, 주전골을 거쳐 오색으로 나오는 남설악을 탔다. 산이 좋아 아무 산이라도 찾아다니지만 특히 가을에는 설악산이 너무 좋다.

산에서 깊은 숨을 들이쉬며, 혹은 헉헉거리며 나무뿌리를 잡거나 바위에 의지할 때 '이 바람과 공기, 나무와 바위, 심지어는 햇살이나 구름마저 나의 일부이구나!' 또는 '아, 정말 인간은 자연의 부분이구나! 저 물소리, 저 새소리 속에 내가 있구나!' 라고 절감하게 된다. 다양성의 조화와 균형, 합일을 체험하면서 늘 느끼고 배운다. 그것이 진한 차 맛에 못지않은 진정한 '산 맛' 이다.

그러나 이번 가을에는 인제에서 양양에 이르는 한계령 국도를 지날 때마다, 설악의 골짜기 골짜기를 밟을 때마다, 참

담하고 절통한 마음을 억누를 길이 없었다. 지난여름의 폭우로 인하여 수많은 산사태가 있었고, 몇 톤씩 되는 바위와 토사가 쓸려 내리면서 아름드리 나무가 뿌리째 뽑혀 나뒹굴었다. 그 상흔은 멀리서 보아도 흉측했고, 가까이에서 보면 너무나 끔찍하고 참혹했다. 하물며 집도 밭도 다 쓸려간 사람들의 심정이야 어찌 헤아리랴.

그 처참함 앞에서, 아니 정확하게 표현하자면 그 '자연의 분노' 앞에서, 개발이라는 것, 발전이라는 것, 혹은 문명이라는 것이 무엇인가 반성하게 되었다. 사실 우리는 오늘날 전과 비교할 수 없는 속도로 기후에 영향을 주고 바다를 오염시킨다. 또 이에 비례하여 자연이 파괴되고 숲과 개펄, 생물종과 문화가 말살되고 있다. 파괴력의 규모와 속도가 이렇게 엄청난 적은 일찍이 없었다. 한 마디로 지금 우리 눈앞에서 자연의 생명부양체계가 붕괴되고 있다.

지금 규모와 권력에 있어 정부를 능가하는 거대한 다국적 기업(포드와 GM의 판매액은 사하라 이남의 모든 아프리카 국가의 GDP총액보다 높다.)은 어떠한 비용을 치르든지 이윤을 추구하려는 욕망에 사로잡혀 있다. 사실은 그들이 바로 세계화 추진세력인데, 그 세력의 위협에 의하여 사람들이 땅으로부터 뿌리 뽑히고, 공동체가 붕괴되고, 지구촌 곳곳의 자연이 파괴되고 사라지고 있다. 우리나라의 개발지상주의자들도 예외가 아니다. 자본과 에너지 집약적 성장은 자연의 파괴와 생태계 교란에 눈감고 귀 막고 있다. 설악의 이 상처들은 어쩌면 자연의 작지만 강한 경고이거나 복수의 작은 징후일지도 모른다.

돌아오는 버스 안에서 이번 가을에 읽은 내용들이 우울하게 떠올랐다. 헬레나 노르베르-호지의 『오래된 미래』, 존 에이브러험즈의 『사우스 마운틴 이야기』, 앙성댁 강분석이 흙에서 일군 삶의 이야기 『씨앗은 힘이 세다』, 산골로 간 CEO 이대우의 『새들아, 집지어줄게 놀러오렴』, 전우익의 『혼자만 살 살믄 무슨 재민겨』, 그리고 박경화의 『도시에서 생태적으로 사는 법』...

산행의 이유

산에는 정치가 없다. 여당이나 야당도, 부패의 사슬이나 개혁의 대상도 없다. 가식이나 욕설도 있을 수 없고, 음모와 술수는 더욱 자리할 곳이 없다. 있는 것이라곤 오직 조화롭게 살다 가는 자연의 종들과 그들에 어울리는 물, 돌, 바람, 햇살, 그리고 향기이다.

산에는 경제도 없다. 주가가 내리든 유가가 폭등하든 상관없다. 그 어떤 나무나 풀도 사재기를 하면서 유통구조를 마비시키지 않는다. 산짐승이나 새들이 공적 자금을 빼돌렸다는 이야기를 들은 적이 없다. 모든 생명체가 주어진 조건에서 최선을 다하며 살아갈 뿐이다.

종교적인 갈등도 거기에는 없다. 기독교 근본주의나 과격한 이슬람이 산 속에는 없다. 굵은 뿌리들이 할아버지 손등같이 겉으로 드러난 채, 흙을 보듬고 나무를 지탱할 뿐이다. 커다란 암벽과 그 위의 나무들이 생명의 충실함을 보여줄 뿐이다. 맑고 투명한 정령이 거기 깃들어 있는 듯 보일 뿐이다.

산에는 성급함이 없다. 욕심이 없으니 경쟁도 없다. 순서대로 싹트고, 꽃피우고, 잎 피우고, 단풍드는 것이다. 산을 오르는 사람들도 이를 배운다. 다투지 않는다. 앞서면 앞에 가고 힘들면 쉬었다 간다. 비록 땀을 흘려 정상에 서지만 오래 머물겠다는 욕심이 없다. 내려와야 함을 알기 때문이다.

산 속에 서면 고급과 저질이 없다. 고급한 다람쥐가 있는 것이 아니고 저질의 나비 애벌레들이 사는 것이 아니다. 우람하게 자란 참나무와 소나무는 고품격이고 여뀌나 고마리, 환삼덩굴은 저품격인 것이 아니다. 앞선 사람이 우등하고 뒤따르는 사람이 열등하지도 않다. 황대권도 『야생초 편지』에서 말했다.

"자연 속에는 생존을 위한 몸부림은 있을지언정 남을 우습게 보는 교만은 없다. 우리 인간만이 생존경쟁을 넘어서서 남을 무시하고 제 잘난 맛에 빠져 자연의 향기를 잃고 있다. 남과 나를 비교하여 나만이 옳고 잘났다며 뻐기는 인간들은 크건 작건 못생겼건 잘생겼건 타고난 제 모습의 꽃만 피워내는 야생초로부터 배울 것이 많다"라고.

산에는 있는 것들도 많다. 골짜기를 흐르는 물의 속삭임, 나뭇잎을 어루만지거나 흔드는 바람소리, 철에 따라 음색과 멜로디가 바뀌는 새의 노래, 날마다 모양과 색상과 향기를 바꾸는 수많은 꽃. 그리고 입보다는 눈을 유혹하는 각종 열매들...

그러나 산에 있는, 더 좋은 건 길이다. 산에 가면 가는 길이 있어, 갈 길이 보인다. 가고 있는 길에 믿음이 있다. 이미 갔던 사람들에 대한 의심이 없다. 그래서 산이 좋다.

겨울의 행복

겨울산행을 하다보면 기대하지 않던 순백의 아름다운 풍경 속에 넋을 잃는 경우가 종종 있다. 지난 1월 남덕유산을 찾았을 때도 그랬다. 대진고속도로 덕유산 IC에서 나온 우리는 안성면을 지나 계북면 양악리에서 좌회전하여 토옥동 계곡으로 접어들었다. 일반 등산로에는, 국립공원 입장료가 없어진 후의 일요일이라서, 사람이 꽤 많을 것 같았기 때문이다.

양악저수지를 얼마 지나지 않아 나타난 송어횟집 마당에 차를 댔다. 토옥동 계곡 초입이다. 한겨울 아침 9시가 안 지난 터라서 인적이라곤 찾을 수 없었다. 비록 눈이 적은 겨울이었으나 백두대간의 산발치답게 그곳에는 제법 눈이 쌓여 있었다. 경운기가 다닐만한 넓은 길을 한 10여분 오르니 철제 다리가 나타났다. 그 다리를 건너 곧장 오르면 남덕유산과 삿갓봉 사이의 월령치에 이른다. 그 길도 물론 출입이 금지된 등산로이다.

철제 다리 앞에서 우측 계곡을 따라 정남향으로 방향을 틀었다. 덕유산을 정말 잘 아는 산꾼들만 다니는 길이다. 20여 분 계곡을 따라 오르다가 우측 비탈을 쳐 오르며 산줄기를 따라 올랐다. 최소한 무릎까지 푹푹 빠지는 눈길이었다. 아니 차라리 눈밭이라는 표현이 옳다. 왜냐하면 앞선 발자국이라고는 전혀 없었기 때문이다. 사람이 다닌 곳임을 알려주는 것은 이따금씩 보이는 빛바랜 표식(시그널)뿐이었다.

온몸에 온기가 돌고 땀이 흐르기 시작할 즈음이던가. 아니! 눈앞에, 우리가 가려는 길 앞에 선명한 발자국이 찍혀 있었다. 눈에 찍힌 깊이나 간격으로 봐서 산토끼는 아니었다. 그렇다고 육중한 멧돼지 발자국도 아니었다. 그건 아마도 고라니이거나 그 정도 무게를 가진 어떤 동물의 것이었다. "아, 인간이 다닌 길을 동물도 다니는구나!" 아니 "동물이 간 길을 인간이 따라가는구나!" 어쩌면 당연한 감탄을, 어쩌면 평생 처음 내뱉었다.

그렇다. 상당한 세월동안 인간과 동물은 길을 공유했을 것이다. 서로의 냄새를 경계하면서, 또는 서로의 흔적을 추적하면서, 인간과 동물은 시차를 두고 같은 길을 다녔을 것이다. 현대인이 상상할 수 없는 그 모습은 얼마나 자연스러우며 동시에 얼마나 낭만적인가.

따사로운 햇살에 봄인 양 착각하면서 두 시간 이상을 올랐을까. 11시 방향에 서봉, 이른바 장수 덕유가 보이는 무명의 한 봉우리를 점령했다. 그곳에서는 덕유산의 전체 능선이 한눈에 조망되었다. '기역' 자를 거스르는 방향으로 몇 개의 봉우리를 넘으면 11시 방향에 서봉. 그 건너편에 남덕유. 그곳에서 출발한 능선은 오르고 내리고를 반복하며 북북동으로 내달아 저 멀리 북덕유의 향적봉에 닿아있었다.

덕유 종주능선! 그것은 산봉우리가 흘러가는 길이었고, 대간의 마루 금이 그어 놓은 길이었다. 한눈에 잡히지 않는 지리산과는 다르게, 암봉이 기기묘묘한 설악산과도 다르게, 덕유산은 그렇게 덕(德)스러움을 내뿜으며 부드럽고 넉넉하게(裕), 당당한 몸을 펼치고 있었다. 하얀 속살을 드러내고 있었다.

이제 몇 개의 봉우리를 오르고 내리며 서봉을 향했다. 능선의 바위에는 눈이 녹아 있었고 언제부터인지 우리를 안내하던 발자국도 사라졌다. 그러나 군데군데 진달래와 철쭉을 비롯한 관목들이 뿌리째 뽑혀 나뒹굴고 있었다. 한 자를 넘어 어느 곳에는 두 자 깊이까지 언 땅이 파헤쳐져 있었다. 분명 멧돼지 떼가 먹이를 찾고자 한 짓이었다. "소문대로 멧돼지가 많이 있구나! 이 겨울에 뭐 먹고 살까..."

날씨가 너무 좋았다. 문득 한 주 전의 눈보라가 떠올랐다. "자주 산에 다니다 보면 뜻하지 않게 엄청난 눈발을 만나는 수가 있다. 지난 1월 6일 계룡산에 들었다가 만났던 눈보라와 북풍이 그런 경우였다. 쌀개봉 능선에서 시산제를 지낼

때에는 숨쉬기 힘들 정도로 바람이 매서웠고 주먹만 한 눈송이가 흩뿌렸다. 삽시간에 발목까지 눈이 쌓이고 한치 앞이 안보였다. 그러나 회오리치는 눈보라 속에서도 계룡산은 절경을 연출하고 있었다. 겨울 산의 진수였다."

서봉, 즉 장수 덕유산에 이르자 사람들이 보였다. 한꺼번에 수십 명이 왁자지껄 했다. 이들은 함양군 서상면의 영각사나 장수군의 육십령에서 올랐을 것이다. 그곳까지 어느 한 사람도 만나지 못하고 적막함 속에서 산행을 했었다. 갑자기 인간의 소음이 생소했다. 컵라면 냄새도 역겨웠다.

건너편 남덕유산을 거쳐 월성치를 향해 북진하는 길은 북향이어서 눈 비탈의 연속이었다. 오가는 사람들이 적지 않건만 길 위의 눈은 여전히 쌓인 채 미끄러웠다. 월령치에서 북으로 직진하면 삿갓봉으로 향하고, 우회전하여 내려가면 바른골을 거쳐 황점, 월성계곡에 이른다. 우리는 좌측으로 방향을 틀어 하산을 시작했다. 샘터를 지나 계곡을 따라 양악폭포를 거쳐 아침의 그 철제 다리에 이르는 길은 또 다시 호젓했다. 오직 눈이 밟히는 소리와 바람소리 그리고 삭정이 가지들의 노랫소리뿐이었다. 푸른 하늘에 흰 구름이 정적을 더했다. 15킬로 남짓한 눈 쌓인 산길, 겨울 숲길이었다. 겨울의 행복이었다.

교응(交應)

"자연은 하나의 사원, 거기에서 살아있는 기둥들이
때때로 혼돈의 언어를 내보내니,
인간은 거기로 들어간다.
친근한 시선으로 자기를 살피는 상징의 숲을 가로질러."

문학소년 시절에 만난 보들레르의 「교감」이라는 시 첫 구절이다. 상징주의 비조인 보들레르를 제대로 이해하지도 못하면서 그저 '교감, 교응 혹은 상응' 이라고 번역될 수 있는 시 제목 '코레스퐁당스 Correspondances' 가 좋아서 읊조리곤 했었다.

중년을 지나고 산과 숲을 찾으면서 자주 이 시가 떠오른다. 그렇다. 자연은 하나의 사원이다. 자연으로서 산길을 걷다보면 하늘을 느끼고, 신을 느끼고, 자신을 돌아보고, 앞을 내다보고, 사유와 기도가 동반되니, 그렇다! 자연은 사원이고, 절이고, 성당이고, 교회다.

이 자연이라는 사원에는 무생명의 돌기둥이나 죽은 나무

기둥이 지붕을 받치고 있지 않다. 싱싱한 생명을 지닌 나무들이 온갖 수풀과 더불어 하늘을 떠받치며 생명의 다양성을 내뿜는다. 봄에는 형언하기 어려울 만큼 다채로운 핑크빛 향기로, 여름이면 지칠 줄 모르는 생명의 왕성함으로, 또 가을에는 노랑 빨강 수채화 색조로, 이윽고 겨울이면 죽지 않는 인고의 생명으로 우주의 섭리를 보여주고 실천한다. 다만 그것을 깨닫지 못하는 인간에겐 혼돈의 언어일 뿐인 것이다.

수도자든, 시인이든, 명상가든, 아니면 그저 평범한 등산객이나 산책자일지라도, 깨닫고자 하는 사람은 그래서, 그 사원 즉 자연으로 들어가는 것이다. 가다보면 그 길에서 삼라만상이 하나하나 해석되는 재미를 느끼게 된다. 야생화 하나하나가 이름을 얻어 눈앞에 나타나는가 하면 다 똑같던 나무들이 구분되어 잎과 열매를 드러낸다. 어디 그뿐인가. 전에 들리지 않던 바람소리, 물소리, 새소리, 꽃향기와 같은 혼돈의 언어가 우리 감각에 포착되면서 행복을 느끼게 한다. 이른바 '상징의 숲' 이 해독되는 것이다.

이때 자연은 '상징의 숲' 이라는 길을 헤쳐 오는 인간을 어머니처럼 따뜻하고 친근한 시선으로 살피고 반기는 것이다. 그것이 곧 하늘과 대지, 인간과 자연, 색과 향과 소리의 상응이고 교감이 아니면 무엇이랴.

물론 보들레르는 '상징의 숲' 을 가로질러 '미의 절대경'

에 들어감을 의미했고, 자연과 천상계의 교감뿐만 아니라 시인의 공감각을 통한 오감의 상응을 이야기했을 것이다. 그러나 그것이 상징시인만의 전유물은 아니리라. 그것은 '생명의 숲' 을 사랑하는 모든 이의 깨우침과 다르지 않다는 것을 산행할 때마다 느낀다. 그래서 여름이고 겨울이고 산이 좋은 것이다. 산에 들면 언제나 우리도 "향기와 색깔, 소리들이 서로 화답함" 을 느끼고, 우리도 "바람과 더불어 노닐고, 구름과 더불어 이야기를 나눌 수 있기" 때문이다.

산행에서 이러한 공감각이 느껴질 때 떠오르는 것이 오늘날 문제가 되는 '소통과 공존' 이다. 소통과 공존. 지금 우리 사회에 가장 부족한 것이 이 두 가지이다. 당리당략 싸움으로 일관하는 정치, 진보와 보수가 담을 친 사회, 양극화가 끝없이 벌어지는 경제, 심지어는 학교와 가정에서조차, 한국사회는 소통의 부재와 공존의 실패로 병들어 있다.

이 모든 환자들에게 느릿느릿한 산행을 권한다. 걷다보면 길이 보이고, 다양성이 보이고, 생명의 숨결이 느껴지고, 소통과 공존이라는 상징의 언어가 해독될 것이다.

"오래된 미래"

2학기에 접어들어서도 산을 자주 찾았다. 설악산, 덕유산, 지리산 그리고 계룡산 대 여섯 번, 수통골 2번. 만날 때마다 산은 조금씩 다른 모습으로, 그러나 결국은 같은 푸근한 느낌으로 탐방객을 반긴다.

사람들은 말한다. "저 산은 밋밋하다"라고. 혹은 "저 산은 악산이다"라든지, "이 산은 재미가 없다"라고. 그러나 그 말은 언제나 부분적 진실만을 담고 있을 뿐이다. 어떤 경우에는 진실의 부분이 너무 작기 때문에 오류에 가까울 수도 있다. 그렇다. 산은 오르면 오를수록 새로운 맛과 멋을 보여준다.

근처의 계룡산만 하더라도 상신리코스, 병사골에서 시작하는 장군봉코스, 지석골과 갓바위코스, 천정골 산행 길, 동학사에서 남매탑, 남매탑에서 금잔디고개를 거친 갑사길, 은선폭포와 관음봉, 신원사 코스, 연천봉에서 갑사 길, 연천봉에서 문필봉 관음봉 삼불봉에 이르는 자연성릉, 갑사에서 올라 흩어지는 여러 산행 길... 말 그대로 골짜기마다 능선마다 서로 다른 향을 풍긴다.

설사 같은 길을 반복하더라도 그때그때의 심리상태와 계절에 따라 결코 같지 않은 맵시를 드러낸다. 일주일 전 물들기 시작하던 자연성릉의 조망과 엊그제 바라본 경관은 똑같이 아름답지만 결코 같지 아니한 멋을 풍겼다. 천연색 울긋불긋한 색상은 날짜에 따라 다르기도 하지만 같은 날이라도 오전이냐 오후냐에 따라, 햇빛의 각도에 따라 새로운 느낌을 준다. 더구나 주변에 피고 지는 야생화들과 끊임없이 변신하는 구름은 언제나 변화무쌍한 모습을 증폭시킨다.

그래서 따지고 보면 지리산만 智異山(그 산을 찾으면 찾을수록 깨닫게 되는 것은 그 산이 늘 서로 다를 뿐이라는 의미에서 '다른 것을 알뿐인 산')이 아니라 모든 산이 지리산일 수 있겠다. 하물며 백두대간을 이루는 설악산이야 금강산의 기묘함이야 새삼 무슨 말이 필요할까. 그러나 그러면서도 어느 한 산이 가지고 있는 전체적, 심층적 특성은 있는 것이니 신비롭기만 하다.

어쩌면 사람을 사귀는 것도 산을 찾는 일과 같을지 모른다. "저 이는 어떠하다"라고 섣불리 말해서는 안 될지 모른다. 직장에서 만날 때, 퇴근 후 만날 때, 혹은 수영장에서 만날 때의 모습이 서로 다른 것이다. 건강할 때와 아플 때 그리고 취했을 때의 모습도 같지 아니하다. 그러면서도 감지되는 심층적 자아는 여일한 것이니 가히 산을 만나는 것과 무엇이 다르랴. 그래서 대인관계도 산을 대하듯 조심스럽게 접근해야지 경거망동해서는 안 될 것이다.

산에 들면 언제나 깨우치는 것은 산이야말로 인류의 '오래된 미래'라는 것이다. 태고 적 부터 산은, 마치 공기처럼, 우리 곁에 있어왔지만 산이야말로 결국은 인류를 구원할 은신처라는 생각이다. 특히 대전 같은 도시는 300여리에 달하는 '둘레 산'이 병풍처럼 도시를 감싸고 있다. 이 산, 이 숲의 보존이야말로 우리가 후대에게 물려줄 엄청난 유산이고 미래의 경쟁력인 것이다.

혹자는 말한다. 대전에는 인구를 유인할 그 무엇이 없다고. 큰 공장도, 큰 회사도, 휴양지도 없다고. 맞는 말이다. 그러나 대전에는 둘레 산이 있고, 3대 하천이 있다. 세계 어떤 도시에 이런 게 있는가. 둘레 산과 3대 하천의 복원과 재생, 보존이야말로 알고 보면 대전의 경쟁력이고, 인구유입의 결정적 요소이다. 청정한 산림이 있고 깨끗한 물이 흐른다면 그 곳에 그 누가 안 살러 오겠는가.

지난 여름의 태풍에 이은 홍수 피해도 원인을 거슬러 올라가면 산을 파헤치고 절개하는 데서 비롯된 것이 많다. 석회석을 캐는 태백산에서부터 천문대에 다다르는 도로를 낸 보현산에 이르기까지 우리는 산에 대하여 너무 인간 중심적으로 생각한다. 마치 대인관계에서 자기중심적으로 살듯이. 그러나 그 결과는 늘 인간의 상처, 아픔, 고통이 되어 돌아온다.

10월 18일은 산림청이 정한 산의 날이다. 마침 가을이 깊어가면서 동학사에서 계룡산 춤판이 벌어지고, 영평사와 갑사를 비롯한 전국 각지의 산사에서 '산사음악회'가 연이어진다. 모처럼 산의 품에 깃들면서 가을의 정취와 어우러진 선율에 젖는 것도 좋을 것이다. 그러면 우리가 자연의 일부임을, 특히 산의 일부임을 되새기게 될 것이다. 정말 우리는 산의 부분으로 산을 경배하던 민족이었다.

생명의 연금술

산에 다니다 보면 많은 생각을 하게 된다. 고개 숙여 낮은 곳을 들여다보며 야생화의 아름다움에 감동하는가 하면, 때로는 거대한 암벽을 바라보며 경외와 의구를 느끼기도 한다. 거대한 바위덩이가 주는 위압감은 엄청난 것이어서 왜 선인들이 바위를 십장생에 포함시켰는가, 혹은 윤선도가 오우가에서 왜 돌을 친구로 노래했는지 이해하게 된다.

하지만 가장 큰 감동을 주는 것은 야생초의 싱싱함도 아니고 거대한 암벽도 아니다. 그것은 불모의 암반에서 뿌리를 내리고 자라는 생명이다. 거칠고 메마른 바위덩이에 떨어진 솔 씨 하나가 싹을 틔우고 둥치를 키우는 모습은 가히 '생명의 신비'이다. 그 좁은 틈새를 비집고 뿌리를 뻗어 마침내 바위 전체를 움켜쥐고 버티는 소나무는 강인한 생명력의 증언이다.

계룡산에 다니면서 이번 봄에는 새로운 걸 발견했다. 계룡산 발치에서 중턱까지의 소나무들은 많은 상처를 입었다. 3

월 초 100년만의 폭설로 인하여 가지가 찢기고, 줄기가 꺾이고, 심지어 어느 것은 뿌리째 뽑혀 나뒹굴고 있다. 소나무와 잣나무만이 겨울에도 잎이 무성하여 눈을 지고 있었고, 그러다 보니 막대한 피해를 입은 것이다.

그러나 어찌된 일인가. 은선폭포 위로부터 관음봉에 이르기까지, 계룡산 자연성릉을 거쳐 삼불봉까지, 또 큰배재나 남매탑 위쪽의 소나무는 단 한 그루도 뽑히거나 꺾이지 않았다. 그렇다. 경이로운 생명이었다. 계룡산 6-7부 능선 위쪽 척박한 토양에서 모질게 자라던 소나무만이, 불모의 바위덩이를 움켜쥐고 생명을 키운 소나무만이, 위기를 이겨낸 것이었다.

계룡산 능선을 오르내리면서 배우고 깨닫는다. 불리한 상황이 유리한 조건으로 바뀔 수 있다는 진리를. 모든 것에 취약하고, 언제나 위기이고, 어려움만이 지속되고, 오직 단점뿐인 것... 이런 것은 세상에 존재하지 않는다. 고개 들어 산을 보자. 바위 위에 버틴 소나무는 성공한 생명의 연금술사 아니던가. 묵묵하게 산은 웅변한다. 내려가는 능선이 있으면 반드시 오르는 능선이 다가온다고.

많은 사람들이 "불경기의 끝이 안 보인다," "경기 회복의 조짐이 없다," "어렵다," 하는 요즈음이다. 하지만 언제나 위기가 기회이다. 위기에 굴복하지 말고 위기를 새롭게 바라볼 때 그 위기는 은혜가 충만한 호기가 될 수 있다.

세상을 어떻게 보느냐에 따라 인생은 달라진다. 옛날 카르타고에서 대장군 한니발의 초상화를 그린 화가는 모두 죽었다. 장군이 싫어하는 장군의 애꾸눈을 그렸기 때문이다. 그러나 유일하게 살아난 어느 화가는 눈이 성한 쪽의 옆모습을 그렸다. 그 화가는 생명을 구했을 뿐만 아니라 당연히 많은 상을 탔다. 이 유명한 이야기는 세상을 보는 관점에 관하여 많은 것을 시사한다.

"해는 어디에서 뜨는가?" 라는 문제를 놓고 다투는 유태인 이야기 또한 세상을 바라보는 관점, 즉 세계관에 대하여 많은 것을 시사해 준다. 오늘도 등산을 하며 암벽 위 소나무를 바라본다. 그러면 소나무는 말한다. "새로운 눈으로 세상을 보라" 고. "새로운 창으로 세계를 만나라" 고. "위기가 기회" 라고.

숲의 도시

프랑스 파리를 물의 도시라고 부르기도 하고 빛의 도시라고 하기도 한다. 그러나 파리는 또한 숲의 도시이다. 정말 파리는 숲과 공원이 많기로 유명하다. 시내 어디를 가도 크고 작은 녹지 공간이 마련되어 있어 휴식을 취할 수 있다. 기하학적 아름다움을 뽐내는 프랑스식 정원이 있는가 하면 자연 그대로의 처녀림이 전개되는 영국식 정원도 수두룩하다.

공원이나 숲의 중간 중간에는 옛날 왕이 살던 궁전이나 귀족들이 거주하던 성들이 숨어있다. 사시사철 피어나는 오만 가지 꽃들과 군데군데 멋진 조각상에서 뿜어지는 분수들은 운치를 더하는데 부족함이 없다. 남녀노소를 가리지 않고 공원의 잔디나 벤치에 앉아 자유롭게 세상을 이야기하거나 진하게 사랑을 나눈다. 태초의 아담과 이브처럼.

파리에서 유학을 하고 세월이 지나 여러 차례 파리를 들락거린 사람이라 할지라도 파리의 숲은 언제나 부럽다. 저런 게 우리나라에도 있었으면... 하면서 질투심마저 느낀다. 그 숲 속의 나무들은 정말 크다. 몇 아름이 넘는 둥치와 무성한 가지 규모도 대단하거니와 정말 높게까지 자란다. 40-50미터 높이의 나무들이 흔하다. 토양도 그만큼 비옥한데다가 가꾸고 보호하기를 게을리 하지 않은 덕일 것이다.

숲을 거닐다보면 "자연을 존중합시다", "나무들을 존경하세요"라는 표지판이 자주 눈에 띈다. 우리나라에서는 '자연보호'라는 표현을 쓰는데… 하는 생각을 하다보면 문득, "과연 인간이 자연을 보호할 수 있는 힘이 있는 걸까? 자연의 입장에서 생각하면 '누가 누굴 보호해?' 하면서 반박하지 않을까…"라는 웃지 못 할 생각도 든다.

세느강이 태극문양을 그리며 휘돌아 가는 파리시에는 두 개의 커다란 숲이 있다. 신도시 라데팡스에서 멀지 않은 파리의 서쪽에 있는 것은 '불로뉴 숲'이다. 이 숲은 고급 주택가인 파리 16구 서쪽에서 세느강에 이르는 곳에 850 헥타르의 면적을 자랑하는 광대한 숲이다. 가히 파리의 한쪽 허파라 불리기에 손색이 없다.

무려 15만 그루의 큰키나무(교목)와 30만 종이 넘는 관목으로 이루어진 불로뉴 숲은 자연발생적인 숲이 아니다. 약 150년 전에 현재 파리를 계획했던 오스망 남작의 도시계획 일환으로 조성된 것이다. 35km에 이르는 산책로, 14km의 자전거 도로, 두 개의 호수, 동물원과 유원지, 장미정원으로 유명한 바가텔정원과 경마장, 승마클럽 등이 모두 이 숲에

갖추어져 있다.

낮에도 어두운 이 숲의 산책로를 걷다보면 사방에서 풍겨나오는 나무 향기가 여독과 피로를 풀어준다. 이따금씩 눈에 띄는 사람들의 소곤거림, 훨씬 더 자주 마주치는 다람쥐와 산토끼 그리고 수많은 새 소리는 이곳이 대도시임을 잊게 해 준다. 이곳도 나폴레옹 시대에는 귀족들이 모여 사냥을 하며 사교하던 곳이었다.

파리의 동쪽에 있는 뱅센느 숲은 995헥타르이다. 불로뉴 숲과 더불어 이 숲도 파리 주변을 둘러싼 아름다운 경치로 파리시민의 사랑을 받는다. 100km가 넘는 산책로, 23km의 자전거 도로, 19km의 승마코스가 있는 이 숲은 원래부터 자연적으로 숲이 우거진 곳이었다. 18세기 이후에 인공호수와 인공폭포만을 보충한 탓에 자연미가 살아있는 것이 특징이다. 특히 주변이 서민적인 지역으로 둘러싸여 있어 친근감이 더 느껴진다.

파리의 숲들은 가도 가도 끝이 없을 것 같은 평지와 구릉 위에 펼쳐진 탓에 우리의 산과는 사뭇 다르다. 뱅센느 숲에는 프랑스 최대의 동물원과 열대식물원, 아프리카 오세아니아 박물관 등이 자리 잡고 있다. 또한 숲의 북쪽 끝에는 14세기 발루아 왕조 때 왕궁으로 사용하던 성이 있다. 이 뱅센느 성은 베르사유 궁전이 지어지기 전까지 프랑스 왕실과 함께 한 역사의 현장이기도 하다.

이러한 숲 속을 거닐다 잠시 쉬노라면 ‘인간이 자연 속에서 사는 거구나’ 하고 느껴진다. ‘우리가 사는 마을과 도시에 나무를 심는 것이 아니라 숲 속에 우리가 집을 짓고 마을을 이루어 사는 것이구나’ 라고 깨닫게 된다. 숲이 많은 곳에 살면 인간의 심성이 사악해질 수 없을 것 같다. 인간이 거칠어지는 것은 숲 밖으로 추방되는 순간부터일 것 같다. 그래서 숲을 벗어나기 싫어진다. 숲이 참 좋다.

비계 덩어리?

프러시아 점령하의 프랑스 북부도시 루앙을 탈출하려는 마차가 있었다. 세 쌍의 명문귀족과 부호, 놈팡이 공화주의자 한 명, 두 수녀, '비계 덩어리' 라는 별명의 매춘부 한 명이 마차에 타고 있었다. 추운 겨울 이른 새벽 두려움과 공포로 모두가 위기를 느꼈다.

'비계 덩어리' 가 준비한 음식을 나누면서 마차 안의 분위기는 따뜻해진다. 그 누구도 말을 걸려하지 않던 천한 여인에게 상인은 아양도 떤다. '비계 덩어리' 는 마차 안의 승객들을 추위와 허기에서 구해낼 뿐만 아니라, 섞일 수 없던 사람들 사이에 대화가 가능하게 만든다.

그러나 마차는 중간기착지에서 떠날 줄을 모른다. 모두가 여행허가증을 가지고 있었으나 그 지역 담당 장교가 '비계 덩어리' 와 잠자리를 요구하면서 출발을 허락하지 않기 때문이다. 자유를 찾아 탈주를 감행하는 프랑스의 선량한 시민 모두는, 처음에는, 인간의 존엄성 운운하며 적군 장교의 파렴치한 요구에 분노한다. 그들을 추위와 굶주림에서 구해낸 '비계 덩어리'의 단호한 거부 의사에 절대적인 지지도 보여준다.

시간이 흐르고 모두가 죽을지 모른다는 불안감이 팽배해지면서 상황은 돌변한다. 모두 희생의 미덕 운운하며 매춘부를 설득한다. 매춘부의 희생에 죄책감을 느낄 까닭이 없다고 생각한다. 그러나 그녀의 저항은 완강하다. 급기야 '천한 것이 본분도 모르고 상대를 가린다'는 비난이 쏟아진다. 자유를 갈망하는 그들을 묶어놓는 것은 프러시아 장교가 아니라 애당초 동행할 자격조차 없는 창녀라는 생각이 든다. "신은 순수한 목적으로 행한 죄악을 용서하신다"면서 수녀들마저 설득에 나선다. 마침내 '비계 덩어리'는 프러시아 장교를 찾아간다.

덕분에 마차는 이튿날 자유의 땅으로 떠난다. 이때 희생양이 수치심에 떨며 마차에 오른다. 그러나 사람들이 그녀에게 보여준 것은 자신들을 구해준 동포 여인을 향한 감사의 마음이 아니다. 짐승 같은 적군장교에 대한 공분도 아니다. 그것은 더럽고 불결한 존재와 접촉을 피하려는 안간힘이다. 적군의 노리개에 대한 철저한 외면이다. 자신들은 음식을 먹으면서 누구 하나 이 여인에게 음식을 권하지 않는다.

'비계 덩어리'는 수녀들에게는 음욕의 화신이요, 귀부인들에게는 여성의 수치가 되어 있었다. 또 프랑스 국가를 읊조리는 공화주의자에게는 적군의 위안부였다. 그녀는 배고픔과 수치, 분노로 눈물을 흘릴 뿐이었다.

계곡에 쌓인 쓰레기 무더기들을 보면서 모파상의 『비계 덩어리』가 갑자기 떠올랐다. 삼림욕이다, 웰빙이다, 음이온이다, 혹은 피서다, 휴가다 하면서 우리는 자연을 즐겨 찾는다. 자연이야말로 우리가 의지하고 깃들 곳이며 함께 살아야할 어머니 품이라며 침이 마르도록 칭송하기도 한다. 그러나 곧바로 버린다. 은혜를 저버린다. 입장료를 받지 않는 곳은, 가족이 놀던 숲 속이든 낚시를 하던 해안이든, 쓰레기가 무더기로 방치되어 있다. 자신의 희생을 모르고 타자의 희생만을 요구하는 사회상을 반영하듯 여름내 찾았던 산과 숲, 계곡과 해안은 쓰레기로 몸살을 앓고 있다.

갑동 국립묘지를 지나 동학사로 가다보면 대전시와 공주군의 경계인 삽재를 넘게 된다. 삽재에서 박정자 삼거리에 이르는 내리막길 우측으로 이른바 '먹뱅이골' 이라는 골짜기가 있다. 몇 개의 음식점이 있는 골짜기 초입은 그런 대로 깨끗한 편이지만 깊숙이 들어가면 들어갈수록 계곡 양쪽에는 쓰레기가 쌓여 있다. 아마도 수십 트럭 분량은 될 것 같다.

모처럼 갑하산에 오르려고 먹뱅이골에 들어섰다가 깜짝 놀랐다. 이럴 수가 있을까... 쓰레기로 오염된 숲을 보면서 '비계 덩어리' 가 떠오른 것은 당연한 일인지도 모른다. 함께 한 사람들을 위하여 준비한 음식과 자신의 몸을 다 바치고 버림받은 모습이 똑같기 때문이었다. 우리는 과연 자연을 존엄성과 인격이 거세된 창녀로 취급해도 되는 걸까… 자연은 정말 우리가 필요로 할 때는 무조건 우리를 받아주고, 떠날 때는 마구 짓밟히는 '비계 덩어리' 인 것인가…

물론 그곳은 행정구역상 공주군에 속한다. 그러나 그곳을 찾는 사람들의 대부분, 즉 쓰레기를 버리는 사람들의 대부분이 대전시민이다. 공주군청에서 보면 군민들이 즐겨 찾는 곳도 아닌 변두리의 한 골짜기에 신경을 쓸 리가 만무할 것 같다. 행정적인 관계를 잘 모르긴 하지만, 대전시나 유성구에서 그곳을 청소하면 안 되는 일일까? 그곳을 어지럽힌 사람들은 분명 대전시민이고 그곳을 다시 찾을 사람도 대전시민이기 때문이다. 우리의 숲이 결코 모파상의 '비계 덩어리' 여서는 안 되지 않는가.

나무가 말했다

해, 산, 물, 돌, 구름, 소나무, 불로초, 거북, 학, 사슴 등의 십장생. 어린 시절, 어째서 소나무가 십장생에 들어갈 수 있는지 이해할 수 없었다. 주위의 야산에서 흔히 눈에 띄는 건 작은 리기다소나무와 도토리나무 정도뿐이었기 때문이다. 서낭제를 올리느라 금줄이 쳐진 몇 아름드리 느티나무를 만나면서, 아니면 천태산 영국사에서와 같이 수백 년 된 은행나무를 보게 되면서, 비록 소나무는 아니라 하더라도, 나무가 십장생에 들어갈 수도 있겠다 싶었다.

오래 묵은 거목 혹은 노거수를 마주하게 되면 용트림과 같은 당당한 위용 앞에서, 풍겨져 나오는 연륜 앞에서, 혹은 바람만이 깨우는 침묵 앞에서, 우리는 자주 왜소해진다. 천년풍파를 이겨낸 인고의 세월을 생각하면 유한한 인생이 한없이 초라하고 덧없어 보이기도 한다. 지난겨울 열대 활엽수림 속에서 거대한 둥치의 나무들을 만났다. 거대한 뿌리의 나무는 나무가 아니었다. 그것은 하나의 철학자였다.

'앙코르' 는 캄보디아의 제 2도시 시엠리아프 지역 밀림 속에 수백 년 방치되어 역사의 어둠 저편에 잊혀진 도시였다. 열대 우림의 드넓은 평원에 위치한 '앙코르 와트(거대한 사원)' 와 '앙코르 톰(거대한 도시)' 의 거대한 석조 건축물들은 세계 제 7대 불가사의라는 말이 결코 과장이 아님을 보여주고 있었다.

넘실대는 열대 활엽수림의 기세가 느껴지는 숲속 이곳저곳에는 탑 같기도 하고 피라미드 같기도 한 거대한 사원의 유적과 잔해가 널려있었다. '타프롬' 이라는 이름의 사원 유적지에 발을 들이는 순간 깜짝 놀라 주춤하였다. 맥이 풀리고 숨이 멎었다. 유적 전체를 뒤덮어 버릴 기세로 자라난 '뱅골 보리수(banyan tree)' 가 대자연의 위력을, 그 장엄하고 기험한 자태를 한순간에 드러낸 것이다.

정맥마디처럼 울퉁불퉁 불거진 뿌리가 유적을 폐허로 만들고 있었다. 아니 어른의 두 아름, 세 아름이 넘는 잿빛 둥치는 오히려 사원의 벽채를 부둥켜 지탱하고 있었다. 아, 뭐라고 해야 하나? 비틀어진 가지들은 수백 년 풍파와 싸워온 어떤 격렬한 정신의 상흔이었다. 거대한 뱀처럼 구불구불 뒤틀린 뿌리는 마디마다 힘이 넘쳐났다. 남국의 땡볕 아래 아름드리 둥치들은 눈부신 회백색 윤기를 뿜어내었다.

열대 보리수과의 이들 나무 앞에 앉아 쉬면서 그 몸집의 우람함과 당당함에 압도되어 인간을, 인간문명이라는 것을 되돌아보았다. 전설 같은 몽환적 분위기에 매료된 채 세월을 거슬러 인간과 자연을 더듬어 보았다.

우파니샤드와 자이나교, 불교 등으로 대표되는 인도 사상들은 개발과 진보라는 세계관을 가지고 있지 않다. 인간을 포함한 모든 피조물을 세계의 일부로 본다. 다만 인간은 해탈을 통하여 한 생이 다음 생으로 이어지는 윤회와 재생의 고통스런 주기에서 벗어날 수 있는 존재이다. 하지만 그렇다고 해서 우주를 지배할 수 있는 것은 아니다. 인간도 거대한 전체의 작은 부분에 불과하기 때문이다. 인간, 식물, 동물은 서로 의존하면서 차별적 범주 속이 아니라 단일한 전체로 연결되어 있는 까닭이다.

그러나 서양사상에서는 인간이 자연을 관리하는 능력을 가지고 '거대한 존재 사슬'의 맨 꼭대기에 위치해 있다. 이러한 인간중심 사상은 "세계는 인간을 위해 만들어졌지만 인간은 세계를 위해 만들어 진 게 아니다"라는 프란시스 베이컨, "지상에서 유일하게 오성을 가진 존재인 인간은 자연의 우두머리가 될 자격이 충분하다. 인간은 자연의 궁극적인 목적이 되기 위해 태어났다"는 임마누엘 칸트 등으로 이어진다. 그러면서 자연을 통제하려는 인간의 노력에 '우월', '통제', '지배' 등의 단어를 동원하게 했다. 여기에는 물론 유기적인 전체가 아니라 개별적인 부분에 초점을 맞춘 데카르트의 합리론적 분석주의가 뒷받침되어 있다. 데카르트의 분석주의는 구성 요소들이 어울려 경쟁과 협동을 통해 상호 작용하는 게 아니라, 개별적으로 작동한다는 단편적인 세계관을 낳았다.

자연과 인간에 대한 이런 사고방식에 진보의 개념이 동반된다. 즉 인간은 나머지 자연세계와는 비교가 안 되는 우월한 존재로, 자연세계를 인간의 뜻에 따라 이용할 권리를 가진다는 것이다. 따라서 인간이 자연을 수탈하는 것은 아주 당연한 일이며 오히려 미완성이고 불완전한 야만의 자연환경을 개선하는 위업이라고까지 생각했다. 인간중심적 진보주의에 따르면 이러한 인간 활동은 유익한 결과를 가져오는 것으로서, 필연적으로 미래로 이어져야 할 진보과정의 일부였다.

그러나 오늘 우리는 어떤가? 지구촌 곳곳의 폭설과 한파, 인도네시아와 태국을 강타한 지진, 예보를 무색케 하는 기상이변 등 자연의 경고가 계속되고 있다. 그것은 경고를 넘어 어쩌면 자연을 무시하고 핍박한 것에 대한 복수인지도 모른다. 불가사의라는 석조 사원을 거대한 뿌리로 움켜쥐고 탐방객을 내려다보는 남국의 숲속 '뱅골 보리수(banyan tree)'는 "세상이란 이런 거야!"라고 소리 없이 웅변하고 있었다.

녹색의 지향

지난 달 망중한의 기회를 두 차례나 가질 수 있었다. 담양 일대를 둘러볼 행운이 두 번씩이나 주어졌던 것이다. 선비의 고장 담양의 명승유적에 관한 것은 지면의 성격상 접어둬야겠다. 다만 둘째 주말과 넷째 주말, 담양천 둑길을 걸으면서 느꼈던 영원한 생명의 신비를 말하고자 한다. 두 번 다 생명을 호흡하고 체험하며 생명의 신비에 매료되었다.

담양천은 담양읍을 가로지른다. 이 영산강 상류의 물길은 전북과 전남을 가르는 병풍산과 추월산이라는 녹녹치 않은 산줄기에서 발원한다. 지금은 댐을 막아 물을 조절하지만 옛날에는 그러하지 못했을 것이다. 높은 산에서 급하게 쏟아지는 이 물길을 다스리기 위해 이미 350여 년 전(인조 26년, 1648년)에 둑을 쌓고 나무를 심기 시작했다. 그것이 '관방제림' 이다.

관방제림은 지난해 '생명의 숲' 에 의하여 '사람과 함께하는 아름다운 숲' 부문 전국 대상을 수상한 바 있다. 담양천 둑길 위에는 수령 200년 혹은 300년이 넘는 아름드리나무들이 끝도 없이 늘어서 있다. 2킬로미터가 넘는 제방 위에 실제로 어느 나무는 두세 아름이 넘는 것도 있었다.

푸조나무, 느티나무, 팽나무, 이팝나무, 음나무, 그리고 알아보기 힘든 챙나무, 개서나무... 노거수들이 위풍당당 서있는 위용이란 "네 앞에 서면 나는 왜 작아지는가"를 실감나게 했다. 특히 관방제림 시작점인 향교다리 밑의 음나무는 '귀신 쫓는 나무' 란 별명에 걸 맞는 위압적인 자태를 내보이고 있었다. 이 음나무를 1번으로 해서 약 180 그루의 300년 이상 된 나무들이 특별보호를 받고 있다고 했다.

처음에 갔을 때는 나무에 따라 아직 잎이 피지 않았거나 막 피려는 때였다. 마디마디 굵은 힘줄 같은 가지들을 펼치고 도열한 나무들에게서 하늘을 떠받친 나무의 원형(원형의 나무), 태초의 수형을 보는 듯 했다. 검고 딱딱한 껍질을 뚫고 피어나는 연초록 어린잎에서 죽음보다 강한 생명의 힘에 감동을 아니 느낄 수 없었다.

두 번째 방문할 때에는 잎들이 꽤 피어났다. 빠른 것은 이미 짙푸른 색을 띄고자 하는 것도 있었다. 어떻게 2주 만에 이렇게 녹음을 드리울 수 있는가. 꾸불꾸불 뼈대만이 자코메티의 조각처럼 늘어섰더니 어느 틈에 이렇게 화려하게 성장을 한 녹색전사가 되었을까... 5월을 재촉하는 초록빛 향연은 마침 제방 뒤편 연보랏빛 가득한 자운영 꽃밭을 배경으로 완벽한 조화를 이루고 있었다.

봄의 숲에서 우리가 느끼는 것이 무얼까. 그것은 바로 생명이다. 연두색, 연초록색, 연홍색 어린잎들이, 아니 그들을 이루는 수억의 엽록소들이 햇빛과 교감하며 깔깔거리고 재잘거리고 또 어떤 때는 함성도 지르면서 투명한 녹색왕국 '푸르지오'를 완성하고 있다. 길어 올린 물을 햇빛에 비벼 삶의 양식으로 삼는 저 고귀한 연금술. 저 아름드리 연금술사 앞에서 우리가 생의 경외를 어찌 아니 느낄 수 있을 것인가.

숲속의 감동이 여타의 감동과 다른 것이 있다. 다른 모든 감동은 그것이 전달되면 숨이 막히는 법이다. 그러나 숲의 감동은 오히려 그 반대다. 숲속에서 생명의 신비를 느낄 때, 소멸과 재생의 반복을 통해서 푸른 생명의 영원성을 느낄 때, 우리의 콧구멍은 오히려 더 벌어진다. 아니 온몸의 모든 구멍이 다 활짝 열려 숲을, 숲의 향기를 최대로 빨아들여 들이마시는 것이다.

제방의 아름드리 숲길을 걸으면서 참으로 편안함을 느꼈다. 그것은 양편의 나무들이 모두가 우리나라의 전통적인 활엽수라서 그런 것 같았다. 예전에 어느 마을에서나 볼 수 있었던 정자나무들은 모두 이곳에 있는 것과 같은 푸조나무, 느티나무, 팽나무 등이었지 않은가. 비록 이 숲이 인공림이긴 하지만 여러 나무를 섞어 심은 덕에 전체적인 느낌이 부드럽고 자연스러웠다.

만약에 이 숲이 한 종류 나무로만 이루어졌다면 어땠을까. 답은 명확하다. 이 제방 숲이 가지는 모든 부분이 훨씬 못했을 것이다. 그렇다. 이렇게 섞여 사는 것이다. 가로수도 정원수도 이렇게 골고루 섞여도 되는 것이다. 오히려 그것이 당연한 것이다.

작가 전상국은 말했다. "자연은 그 생성과 소멸의 섭리를 통해 영원을 지향한다. 숲이 그것을 증명한다. 수없이 바뀌고 사라지면서도 이 지구상의 숲은 항상 생명의 원천으로서 건재하다. 키 큰 나무가 잎을 피우기 전키 작은 나무들은 부지런히 햇빛과 사랑을 나눈다. 그 작은 나무들 아래의 풀들은 자기들 머리 위의 나무가 잎을 달기 전 부지런히 꽃을 피우고 열매를 맺는다. 그것은 치열한 싸움이며 동시에 가장 아름다운 공존방식이다."라고.

퇴계 이황도 자연에서 배운 원리를 사회에 적용하고자 바랐던 인물이다. 그래서 그는 "인간이 숲에 가고 자연을 찾는 이유는 자연과 숲의 원리를 인간 사회 속에 끌어 내려서 인간사회를 승화시키려는 것"이라 했다. 숲길을 거닐며 되뇐다. "인간이 자연이게 하소서. 인간이 자연으로부터 더 이상 멀어지지 않게 하소서."

그때 그 길

박/찬/인/생/태/수/필/집

CHAPTER 04

그런 삶

숨결의 기도 | 고생 많았다 | 도토리 속 떡갈나무 | 뿌리 | 공존공영
나무와 예술의 공명 | 이름의 세상 | 아침운동
그림 속의 나무 | 인간이라는 숲 | 생명의 나무 생명의 숲

숨결의 기도

예전에는 꽃이 피는 순서가 있었던 것 같다. 목련을 필두로 개나리, 진달래, 벚꽃. 그리고 복숭아꽃, 살구꽃, 배꽃. 이어서 등나무 꽃과 라일락이 피었던 것 같다. 그러나 요즘에는 온갖 꽃이 동시에 피어난다. 일시에 피어 온 산천을 꽃대궐로 만들다가 한꺼번에 다 진다. 사람들은 말한다. "봄이 없어졌어." "계절이 한 2주는 앞당겨졌지!" "지구가 정말 뜨거워지고 있나봐."

아닌 게 아니라 이번 봄도 어느새 끝자락이다. 꽃이 피는가 싶더니 어느새 신록만 무성하다. 매일매일 짙어가는 나뭇잎을 보면 가공할 생명력에 놀라며 한편, 부활의 환희랄까 생명의 열락에 젖는다. 겨우내 숨죽이던 나무가 이제 막 호흡을 재개한 것 같은 착각이 든다. 그렇다, 봄바람에 살랑대는 '아기초록' 이파리는 분명 대지의 숨결이다.

하기야 숨을 쉬는 것이 어디 나뭇잎뿐이랴. 언 땅을 뚫고 나오는 쑥이나 냉이, 민들레로부터 딱딱한 껍질 속에서 돋아나는 두릅 순, 가죽나무 순, 옻 순에 이르기까지, 그리고 개구리 알에서부터 나비와 꿀벌에 이르기까지, 인간을 포함한 모든 생명체들이 숨을 쉬고 있다. 사실은 지구상의 온갖 생명들이 들숨과 날숨이라는 호흡으로 매일 매일을 이어간다. 그러고 보면 숨을 쉬어야 생명이고 삶인 것이다.

반대로 말해서 숨이 막히거나 숨이 죽으면, 또는 숨통이 끊어지면 그건 삶이 아니다. 생명이 아니다. 바로 죽음이다. 그러므로 각 생명체는 생명체대로 자기의 숨을 이어가기 위하여 제각각 최선을 다한다. 동시에 '가이아' 어머니로서 지구는 뭍 생명들을 숨 쉬게 하기 위하여, 생명체의 삶을 지속시키기 위하여, 처절한 몸부림을 치고 있는지도 모른다.

모든 생명체는 자기 생명의 지속과 영속의 위하여 최선을 다하는 법이다. 그렇다면 인간이 다른 뭍 생명과 다른 점은 무엇일까. 인간은 어떤 무형적인 정신, 가치, 철학을 위해 또는 자기 아닌 타자를 위해 목숨을 걸거나 바치고, 인고하며, 또 자신을 나누고, 희생할 줄 안다는 것일 게다.

물론 인류의 역사를 돌아보면 더 많이 먹고, 더 많이 가지고, 더 많이 누리고 싶어서 끊임없이 싸우고 갈등하며 전쟁을 일으켜 왔다. 어떤 이들은 이러한 욕심과 탐욕이야말로 생의 본성이며 생명을 움직이는 근본적인 힘이라고 말하기까지 한다. 그러나 그것은 인성의 한 면만을 지나치게 강조한 것이라고 본다. 그 모든 악에도 불구하고 인간의 가치를 드높이는 것은 돈이나 명예 같은 욕망의 축적보다는 사랑을 위해, 평화를 위해, 자유를 위해, 더 많은 타인의 삶을 위해 자신의 숨결을 바치고 포기한 사람들, 그들의 정신이다.

서기 2009년 5월. 온 세계가 숨죽이고 있다. 특히 대한민국은 숨통이 조여지는 느낌이고, 숨 막히는 구석이 한두 군데가 아니다. 숨길이 막히니 가슴이 답답하다. 키 작은 할머니가 폐지를 가득 실은 수레를 힘겹게 끌고 갈 때, 하체라고는 시커먼 고무판으로 동여맨 덩어리만 있는 사람이 성가를 틀고 플라스틱 빈 돈 통을 힘겹게 끌고 기어갈 때, 역이나 지하도에서 박스 포장지를 펴며 잠을 청하는 노숙자가 수백 명 눈에 띌 때, 거기에 찬바람이 불 때, 그런데도 수십조 원 국민이 낸 세금은 하천에 콘크리트 쳐 바르는데 사용한다는 뉴스가 흘러나올 때, 실업자가 되기 싫다며 자꾸만 휴학을 반복하고 졸업을 미루는 제자들을 볼 때... 숨이 막힌다. 숨쉬기가 힘들다. 이곳에는 인간을 드높이는 가치가 보이지 않는다. 나눔의 고귀함이 사라졌다.

이 모든 한숨과 고독, 아픔과 지난한 목숨 위에도 부드러운 훈풍 살랑대며 생명의 숨결이 불어오기를 기도한다. 연구실 창밖의 나뭇잎을 어루만지는 신의 숨결에 오늘도 감동을 느끼면서 간구한다.

고생 많았다!

아들아! 싸늘한 가을 아침, 햇살이 퍼지기도 전에 너를 시험장에 보낸다. 전국에서 약 59만 명의 수험생과 100만이 넘는 학부모, 수백만에 달하는 친지들이 가슴 졸이며 오늘 하루를 시작하겠구나. 금년에는 9년 만에 수능 수험생이 늘었다지? 그렇지 않아도 싸늘하고 초조한 너희 마음이 더욱 무거울 것임을 어찌 모르겠느냐!

딸들아! 지금 너희 눈에도 저 푸른 하늘과 투명한 햇살이 비치느냐? 아니면 흐릿하고 불투명한 영상만이 머릿속에 얽혀 있느냐? 짧게는 고교시절 3년을, 길게는 초등학교 입학부터 12년, 아니 유치원 때부터 따지면 15년을, 오직 오늘 하루의 시험을 조준하여 달려온 너희들이 아니더냐? 부디 차분하게 최선을 다하고 우주의 큰 숨 신선하게 들이키는 저녁을 맞자꾸나.

딸아, 아들아! 너희들이 긴장하며 시험문제를 푸는 동안 우리 아빠 엄마는 기도하는 마음으로 참회록을 써야한다.

우리는 20년 가까이 너희들을 키우면서 너희의 인격과 인권을 생각하지 않았다. 너희들의 개성과 소질을 살피려고 하지도 않았다. 오로지 너희를 돌격선에 매복한 전사처럼 여기고 돌격 명령과 진군의 호령만 드높였었다.

국제 경쟁력 있는 교육, 창조적 인재양성이라는 구호는 있었으나 너희에게 연습시키는 것이라고는 늘 '넷 중에서 하나 고르기' 아니면 '다섯 중에서 하나 고르기' 였다. 호기심 어린 질문을 하면 '너는 왜 그래?' 하면서 윽박질렀고, 개성을 드러내는 행동을 하면 '버릇없는 녀석!' 이라며 창의적 사고의 뿌리를 잘랐다. 세상살이에는 여러 길이 있을 뿐, 정답이란 없는 것을 알면서도 그랬구나.

어느 시인의 시구처럼 우리 손으로 너희 손을 잡고 보듬어야 했으나 지시만을 했고, 우리 눈으로는 너희를 더 많이 바라보지 않고 대신 시계바늘만을 쳐다보며 초조해 했다. 집과 건물은 세울 줄 알았지만 너희의 자존심을 일으켜 세우지는 못했다. 오죽하면 '엄친아' (이른바 모든 면에서 뛰어난, 잘나가는 엄마 친구의 아들)라는 지긋지긋한 유행어가 생겼겠느냐.

'특목고' 나 '자사고' 로 입시경쟁을 10대 초반으로 끌어내렸었는데 이제는 '국제중' 의 개교 운운하며 초등학교 저학년까지 경쟁의 나락으로 내몰면서 우리 엄마 아빠는 광기의 파도에 휩쓸렸구나. 알고 보면 웃어가며 도와가며 동행

해야하는 친구들인데 모두를 경쟁자요 적으로 만들면서 너희에게 '글로벌 리더' 가 되라고 주문을 했구나.

먼 나라의 대통령 당선자가 어려운 청소년 시절을 보냈으나 포용력 있는 그 나라의 교육제도 덕분에 제대로 자랄 수 있었다는 이야기가 여전히 타국의 전설일 뿐인 오늘. 아빠는 사실 저녁 이후가 또 두렵다. 시험이 채 끝나기도 전에 각종 언론사와 방송사는 소리를 높일 것이다. 금년 시험의 난이도는 어떻고, 예상 평균 분포도는 어떻고, 인문계와 자연계의 편차는 어떻고...

어디 그 뿐이랴. 하루 이틀 뒤면 신문 지면에 전국의 대학과 학과가 한 줄로 서게 되리라. 그러면서 또 우리 엄마 아빠는 너희를 의학전문대학원이나 의대, 혹은 로스쿨이나 법대 입학에 초점을 맞추는 것에서 시작하여 정말 비교육적이고 반교육적인 선택에 골몰하리라. 여전히 소질과 적성은 안중에 없으리라. 이제는 쉬고 싶은 너희에게 아직은 쉴 때가 아니라며, 대학에 가서 놀라며, 말도 안 되는 말들을 흘리리라.

죽음의 트라이앵글이라는 내신, 수능, 논술이라는 족쇄는 너희를 옭아매는데 엄마 아빠는 너무도 무감각하고, 무력하고, 곧잘 잊기까지 하는구나. 많은 이들의 일상이 자녀 교육 문제에서 벗어나지 못하는데 막상 교육은 제대로 이루어지지 못하는구나. 그래서 이 모든 허물을 아빠는 오늘 반성하고 사죄하고 싶다.

몇 년간을 묵묵히 참아온 아들아, 딸아! 그래도 너희가 젊기에 희망을 접지는 않으련다. 그래도 너희를 믿기에 얼굴을 펴련다. 너희가 느끼는 우리 교육제도의 질곡을 부디 망각하지 말아라. 너희도 머지않아 어른이 될 것이니까.

도토리 속 떡갈나무

나무는 늘 인간과 함께 하였습니다. 아니 인간은 나무가 있는 곳, 즉 숲에서 태어나 숲에 의지하며 살았습니다. 언제나 인간이 행복한 곳에는 나무가 있었고, 나무가 울창한 곳에서 인간은 흡족했습니다. 그래서 낙원의 이미지는 언제나 숲이 울창하고 꽃이 만발한 모습이며, 밝은 햇살과 맑은 물소리가 어우러진 곳입니다. 그곳은 또한 벌과 나비들이 날고 온갖 새들의 노랫소리가 들리는 곳이기도 합니다.

따라서 '낙원의 추방' 은 나무가 없는 사막, 황무지로 전락함을 뜻합니다. 그것은 마치 물 한 줄기 찾아볼 수 없는 콘크리트 현대도시를 연상시키기도 하지요. 푸른 잎 한 장 드러나지 않는 고층 아파트 숲을 보면 실낙원이 저곳이구나 싶습니다. 평지에서 보면 그래도 나무가 꽤 있는 것 같습니다. 하지만 대전 둘레 산에 올라가서 대전을 내려다보세요. 나무가 거의 안 보입니다. 그런 의미에서 제가 좋아하는 시, '마음으로 나무를 보는 시' 를 소개하고자 합니다. 저는 정말 이 시가 좋습니다.

만일 내가 다시 아이를 키운다면

다이애나 루먼스

만일 내가 다시 아이를 키운다면
먼저 아이의 자존심을 세워주고
집은 나중에 세우리라.

아이와 함께 손가락 그림을 더 많이 그리고
손가락으로 명령하는 일은 덜 하리라.

아이를 바로잡으려고 덜 노력하고
아이와 하나가 되려고 더 많이 노력하리라.
시계에서 눈을 떼고 눈으로 아이를 더 많이 바라보리라.

만일 내가 다시 아이를 키운다면
더 많이 아는데 관심 갖지 않고
더 많이 관심 갖는 법을 배우리라.

자전거도 더 많이 타고 연도 더 많이 날리리라.
들판을 더 많이 뛰어다니고 별들도 더 오래 바라보리라.

더 많이 껴안고 더 적게 다투리라.
도토리 속의 떡갈나무를 더 자주 보리라.

덜 단호하고 더 많이 긍정하리라.

힘을 사랑하는 사람으로 보이지 않고
사랑의 힘을 가진 사람으로 보이리라.

뿌리

속에 있으면 숲이 보이지 않는다는 말이 있다. 정말 맞는 말이다. 자기에 빠져있으면 자기의 흉허물을 보지 못하고, 가정이나 지역에 갇혀 있으면 전체 세상을 못 보는 '가족이기주의자' 혹은 '지역이기주의자'가 되기 쉽다.

그러므로 우리는 자신의 자리를 잘 알고자 할 때 흔히 자신이 속한 곳을 떠난다. 자신의 근거가 되던 환경을 훌훌 털어버리고 벗어날 때 역설적이게도 자신의 근거를, 자신의 환경과 정체성을 더 잘 깨닫게 되는 것이다. 사는 곳을 벗어나는 여행이나 등산은 이런 의미에서 우리 삶의 뿌리를 찾게 해주는 좋은 선생님인 것이다. 아이러니컬한 것은, 세대를 이어가고 연계해 주는 자연의 한 종으로서 나는 어떻게 뿌리내리고 꽃피우고 열매 맺어야 하는가 하는 문제들을, 잠시 뿌리를 걷어 떠다니는 모습을 하면서 깨우친다는 사실이다.

등산을 갈 때 늘 겪는 일이지만 특히 나무뿌리는 많은 것을 생각하게 해준다. 암벽이나 바위 봉우리를 오를 때는 나무뿌리가 큰 도움이 된다. 수백 년 묵은 원시목의 뿌리는 거대한 암반을 부둥켜안으며 육중한 제 몸무게를 지탱하고자 땅속 깊이깊이 파고들어 있다. 등산객들에게 그의 뿌리는 굵은 것이든 가는 것이든 도처에서 밧줄이 되고 받침대가 되는가 하면 찬탄의 대상도 된다.

그렇다. 뿌리는 그래서 중요한 것이다. 우리가 뿌리를 뻗으려는 몸부림도, 상대방의 뿌리를 찾아 살피며 혼인하고 관계 맺는 것도 사실은 이 나무뿌리처럼 스스로를 지탱하고자 하는 본원적인 욕망이다. 객지에서 사는 사람들이 이제는 웬만큼 뿌리를 내렸다는 것은 그래서, 이제는 좀 살만하다는 것이다. 60년대 김수영의 시집이 『거대한 뿌리』인 것이나 80년대 알렉스 헤일리의 소설 제목이 『뿌리』인 것도 다 같은 이유인 것이다.

지난 달 지리산에서 만난 수많은 나무뿌리들은 많은 생각을 하게 했다. '우리 가정의 뿌리는 어떨까. 아니 나의 뿌리는 제대로 박혀 있는가. 나는 과연 뿌리를 제대로 내렸는가. 혹시 아직도 착근을 못하고 여기저기를 더듬고 있는 것은 아닌가. 만약에 나의 잔뿌리가 여전히 헤매고 있다면 나를 통한 탐스런 열매는 기대할 수 없는 것 아닌가. 만약에 사람들이 이르길 '나' 라는 나무가 이미 열매를 매달고 있다고 한다면, 난 그 열매를 실하게 익게 하기위해서라도 뿌리를

제대로 뻗고 깊이깊이 파고들어야하는 것 아닌가.'

갑자기 내 한 몸이 단순한 한 몸이 아니라는 깨우침이 들었다. 그래서 뿌리를 생각하는, 뿌리를 생각하게 하는, 뿌리를 생각할 수밖에 없는 산행이 자꾸 좋다.

공존공영

요즘 같은 가을이면 산에 오르는 것은 물론이고 강가나 들판을 거니는 것도 참 좋다. 어디를 가나 눈부신 햇살과 푸른 하늘 그리고 신선한 바람이 우리를 행복하게 한다. 흔히들 가을은 결실의 계절, 단풍의 계절이라고 한다. 마치 봄을 꽃의 계절로 단정하듯이 그렇다. 그러나 가을 들판을 걸어보고 가을 산에 올라보라. 이분법적이고 획일적인 우리의 단언이 얼마나 무참하게 깨지는 지 경험할 것이다.

개울가나 들판에는 녹색으로 꽃이 피는 비름, 명아주, 강아지풀, 돼지풀은 차치하고라도 고마리, 며느리밑씻개, 매듭풀, 각종 여뀌, 붉은 토끼풀의 꽃들이 점점이 핑크빛 수를 놓고 있다. 어디 그 뿐인가. 코스모스, 백일홍, 분꽃, 쑥부쟁이, 벌개미취, 옥잠화, 향유, 유홍초, 들깨풀, 석잠풀이 앞 다투며 붉은색, 자주색, 보라색 꽃을 피운다. 거기에 여름부터 계속 피는 달개비, 호박꽃, 나팔꽃, 봉숭아, 접시꽃, 맨드라미, 해바라기도 더해진다.

산에 오르면 물봉숭아, 투구꽃, 용담, 갈퀴꽃, 골무꽃, 모싯대, 산오이풀, 산부추 등이 피어내는 꽃의 정령들... 아, 헤아릴 수 없는 꽃 천지이다. 이렇게 자연은 봄이면 봄, 여름이면 여름, 그리고 가을이면 가을대로 총천연색 꽃밭을 가꾸어 놓는다. 다만 편협한 인간이 공연히 꽃의 계절이 따로 있는 듯 무지를 들어낼 뿐이다.

자연은 나름대로, 생긴 대로 피어나며 쓸데없는 경쟁을 하지 않는다. 오히려 반대로 상호 보완적이다. 그렇다. 자연은 상부상조한다. '성격이 급한 너와 뒷심이 딸리는 너는 일찍이 봄에 피어나라', '짙푸른 잎이 무성한 너는 열매가 작아도 되니 오뉴월쯤 꽃을 피워라', '너는 큰키나무들의 잎에 이미 생기가 없어져 햇살이 숲을 투과할 때 쯤 피어라' 라고 합의를 이룬 것도 같다. 물론 철철이 각종 곤충들도 나름대로 일주기를 살아가면서 식물들과 공생한다.

흔히 '자연의 법칙' 하면 약육강식과 적자생존, 자연도태로 대변되는 정글의 법칙만을 떠올린다. 그러나 산행을 즐기게 되면서 즉, 풀, 나무, 꽃에 관심을 가지게 되면서 깨닫는 것은 자연이 상호의존적이라는 점이다. 디지털 카메라에 담긴 풀과 꽃, 열매의 이름을 찾기 위하여 각종 도감과 관련 책자를 뒤적이다 보면 "그렇구나! 삼라만상이 서로 동행하는 동반자로구나" 하고 탄성을 내지르게 된다.

실제로 강자만 남는다면 먹이사슬의 기초가 되는 식물들

은 어떻게 살고 초식동물들은 어떻게 잔존하였단 말인가. 이 지구상에는 오로지 크고 힘센 놈들만 있어야 할 것 아닌가. 그러나 세상이 그렇지 않다는 것은 너무나 자명한 일이다. 그렇다면 그 답은 어디에 있는 것인가. 그것은 바로 적자생존이라는 자연의 법칙보다 더 기본적이고 더 우월한 가치로서 자연에는 공존공생과 공영의 원리가 존재한다는 것이다.

우리는 아이들을 교육하면서 자주 자연의 법칙을 비유로 든다. 그러면서 우리는 자연을 왜곡하여 한 면만을 부각시킨다. 우리의 사회를 마치 약육강식의 법칙만이 존재하는 무한경쟁의 밀림 속이라고 말한다. 누군가의 말처럼 매일매일 출판계와 언론계가 앞 다투어 "정글에서 어떻게 살아남을 것인가, 정글의 현 상황과 미래, 냉혹한 정글의 실태와 분석" 에 대하여 이야기한다.

그러나 자연은 강한 자만이 살아남을 수 있는 참혹한 살육의 현장이 아니라 서로 도와가며 살아야 잘 살아남을 수 있는 공동체의 터전이다. 프랑스 작가 투르니에는 인간의 내면에는 짐승의 유산으로서 살인적인 아벨의 모습이 아니라 평화정착을 지향하는 세련된 전략을 타고난 카인의 식물적인 삶의 모습이 숨어 있다고 한다.

그래서 시인 도종환도 어디선가 말했다. "정글이란 말을 치열한 생존투쟁의 현장이란 의미로 사용하고 있는 우리들이 정말 살아봐야 할 곳 중의 하나가 숲속이다. 밀림이 조화와 평안함으로만 이루어져 있진 않지만 평화와 공생의 새 힘을 얻을 수 있는 곳이야말로 자연이며 결코 살육의 세상이 아니라는 것을 금방 알게 될 것이다."

나무와 예술의 공명

고추잠자리 날개 끝에 파란 하늘이 묻어난다. 지겹던 장대비도, 맹렬하던 무더위도 어느 틈엔지 거짓말처럼 추억이 되어버렸다. 무언가 아쉽고 누군가 그리운 걸 보면 "아, 가을!" 이 분명하다. 초가을의 청량함과 주말 오후의 여유로움을 즐기기에 '한밭수목원' 과 '대전문화예술의 전당' 주변 같은 곳이 또 있을까.

좀 이른 저녁에 수목원에 들어서면 온갖 풀과 나무들이 색과 향기로 계절의 변화를 일깨운다. 벌개미취와 해바라기 같은 가을꽃들이 만발해 있는가 하면 성급한 나뭇잎들은 벌써 고운 색으로 물들어간다. 인생을 나누는 중년부부의 느릿한 걸음걸이, 젊은 남녀의 뜨거운 속삭임, 그 어느 것도 튀거나 거슬리는 게 없이 조화로운 공존과 평화를 보여준다. '피톤치드' 라는 용어를 모르더라도 상관없다. 그곳을 거닐며 큰 숨을 쉬다보면 긴장이 풀리고 온몸에 생기가 살아난다.

수목원을 나오면 ‘엑스포 남문광장’에서 역동성을 만난다. 헬멧을 쓰고 블레이드를 타는 할아버지, 자전거를 타는 할머니, 무리지어 보드를 타는 아이들... 이리저리로 수많은 곡선을 그리며 생명과 활력을 보여준다. 느림과 정적의 세계에서 빠름과 소리의 세계로 순간이동이 이루어진 느낌이다.

발길을 시립미술관으로 옮기면 여름부터 전시중인 “Mosaic City”의 세계로 빠진다. 대다수의 우리 인간이 사는 도시의 면면을 모자이크처럼 보여주는 흥미진진한 전시회이다. 도시를 과학기술시대의 새로운 매체로 탐구하는 국내외 작가들의 다양한 실험적 작품들을 정말 재미있게 감상하며 즐길 수 있다.

거기서 나와 동편을 바라보면 백색 콘크리트 건물과 소나무가 조화를 이룬 단아한 ‘이응노미술관’이 보인다. 하얀 미술관은 이 가을에 두 번째 기획전 “난(難) · 호(好) · 수(髓)”전을 열고 있다. 고암 이응노 화백의 ‘드로잉’ 작품들이 일제강점기와 해방 전후, 한국전쟁과 60년대의 시간을 가로지르며 우리를 미소 짓게 만든다. 이응노미술관이 대전에 있다는 건 정말 대전의 자랑이다.

가로등에 불이 켜지고 문화예술의 전당에 오는 사람들이 북적거릴 때 미술관 앞 분수대 주변에는 또 다른 축제가 벌어진다. 여름부터 주말마다 계속된 무료야외공연은 매주 클래식과 국악, 무용, 연극 등 장르를 바꿔가며 문화예술에 목마른 시민들을 불러 모은다. 보통 3-4백은 족히 넘는 가족단위 시민들이 공연장 주변에 모여, 혹은 자리를 깔고 누워서, 혹은 유모차를 끌며 걸으며 그야말로 '웰빙' 을 보고 듣고 호흡한다.

잔디와 나무, 하늘과 구름, 바람이 함께하는 공간. 음악과 미술, 연극과 무용, 물과 불이 공존하는 곳. 양보다는 질을 생각하고 계량화된 드러냄보다는 함께 어우르는 포월을 추구하는 곳. 이곳이 바로 그런 곳이다. 이번 주말, 그곳에서 청량한 가을밤의 울림으로 시작하여 영혼의 떨림으로 공명하면 어떨까. 진정한 '참살이(웰빙)' 를 경험하게 될 것이다.

이름의 세상

디지털 카메라를 사고부터였다. 5센티미터 접사촬영이 가능했다. 그 전에 보이지 않던 야생화들, 온갖 잡초들이 눈에 띄기 시작했다. 실물보다 더 크고 더 진한 꽃들을 카메라에 담았다. 카메라 액정 화면에 잡힌 꽃들의 모습은 아름답기 그지없었다. 500만 화소의 위력은 대단했다.

컴퓨터에 옮겨진 사진을 모니터로 볼 때면, 적어도 내게는, 모두가 예술작품이 되었다. 『야생화 쉽게 찾기』, 『야생초』, 『우리 숲 산책』, 『쉽게 찾는 우리나무 1』, 『쉽게 찾는 우리나무 2』... 식물도감보다 더 자세한 들꽃에 관한 책들을 살 수 밖에 없었다. 계절별로, 색깔별로, 또 모양에 따라 꽃 이름을 찾는 과정은 애인을 만나러 가는 설렘과도 같았다.

어느 산길, 논길, 둑길이든지, 하다못해 학교의 잔디밭이라 하더라도 조금만 살펴보면 온갖 풀들이 섞여 있다. 어디서든지 20여 종은 금방 만난다. 이렇게 다양한 풀들을 왜 몰랐을까. 하기야 어느 것들은 어린 시절에 무던히도 갖고 놀던 기억이 난다. 이름은 가물가물 하지만. 또다시 카메라에 담는다. 모니터에 띄우고 책을 뒤적인다.

아, 계룡산과 수통골, 월평공원과 갑천변, 그리고 충남대 뒷산에서 만나는 우리 꽃 우리 풀은 얼마나 많은가! 메귀리, 개피, 나도겨이삭, 뚝새풀, 통보리사초, 꿩의 밥... 흰제비꽃, 양지꽃, 머위, 점현호색, 노랑제비꽃, 애기똥풀, 양지꽃, 뱀딸기, 별꽃과 개별꽃, 쇠별꽃... 요즘 피는 붓꽃, 창포, 씀바귀, 방가지똥, 찔레...

카프카의 『성』이라는 소설이 있다. 주인공 측량기사 K는 두 명의 조수를 구분하기 힘들어한다. 하는 일도 얼굴도 비슷하기 때문이다. 편하게 한 이름으로 부르려 하자 조수들은 항의한다. 당연하다. 각자 다른 이름을 지닌 독립된 인격체로서 참을 수 없는 일일 테니까. 관심과 애정을 가지고 보면 쌍둥이도 달라 보이는 법이거늘, 구별을 못한다는 것은 애정 없음의 반증이다.

들풀과 들꽃들의 이름을 알아가면서 깨닫는다. 관심과 애정으로 세상을 보면 섬세한 차이도 보인다는 것을. 잔디밭이면 잔디밭, 야생화면 야생화, 잡초면 잡초일 뿐이던 익명의 세계가 섬세한 차이를 구분하는 순간 단조로움을 벗었다. 오히려 역동적이고 그토록 다양한 신비의 세계로 변했다.

그렇다. 이것이 푸코가 '분류의 폭력' 이라고 지적한 것이다. 다양한 제 이름을 부르지 않고 단조로운 분류명을 쓰는 것은 자기가 속한 기득권을 수호하고 다른 것에 대한 강한 배척을 함축하는 권력의 언어라는 것이다. 미, 영, 독, 불이 아닌 '제 3세계' 라든지, 서울이 아닌 '지방' 으로 통칭한다든지, 이름을 일일이 기억하지 않고 '학생들' 로 단일화하는 것들이 모두 '잡초' 처럼 대상을 그게 그거로 취급하는 폭력이라는 것이다.

풀들의 이름을 하나하나 부르면 정말 모든 게 새롭다. 신비의 환희가 열린다. 그 한 포기 개체가 김춘수의 시처럼 "내게 다가와 의미가 된다." 이번 학기에 전에 없던 노력으로 학생들 이름을 외우려 했다. 교양과목인데도 그랬다. 아, 많은 학생들이, 너무 많은 학생들이 미소 지으며 다가왔다. 나도 모르게 서로 의미가 되었다. 이름이 껍데기인 것만은 아니었다.

아침운동

6시 10분 전 알람 벨이 울린다. 매번 뜨기 싫은 눈을 뜨고 일어난다. 거실 커튼을 걷는다. 베란다 문을 열며 신선한 공기를 마신다. 벌써 눈부신 햇살은 금빛으로 세상을 내리쬔다. 해가 길대로 길었다. 하기야 3주정도 지나면 다시 짧아지는 해 아닌가. 밝은 햇살에 괜히 아뜩해져 고개를 흔든다. 매달렸던 잠이 도망쳐버린다.

검도를 시작한 지 육 년째 접어들었다. 월, 수, 금, 3일만 하므로 큰 부담은 없었다. 그러나 늘 쉽지는 않다. 부지런히 준비를 하고 학교 운동장에 도착하면 6시 반. 언제나 그렇듯 60이 가까운 사형과 대부분 40-50대인 사형사제가 모인다.

맨발로 운동을 시작한다. 해는 이미 중천이다. 이른 아침 햇살이 얼굴 위로 내리쬐면 뭔가 우주의 기를 받는 듯한 기분이 된다. 돌 섞인 운동장 흙은 언제나 다소 촉촉한 편이다. 밤새 대지의 이슬을 머금은 까닭이다. 땅의 서늘한 기운이 발을 타고 들어와 머리에서 내리는 태양의 열기를 만나면서 이른 바 운기(運氣)가 되는 느낌이다.

요즘엔 신비롭게 감싸는 새벽안개 대신 늦봄의 부드러운 바람이 어루만져 준다. 검법의 깊이가 더함에 따라 땀방울은 송골송골 맺히다가 이윽고 뚝뚝 떨어지기 시작한다. 바람이 실어온 꽃향기. 찔레, 클로버, 말냉이, 엉겅퀴, 개망초, 쥐똥나무 꽃까지. 그리고 향긋한 풀냄새까지. 신선한 들꽃, 들풀 향기는 참 좋다.

반가부좌로 앉는다. 단전호흡을 한다. 땀은 흐르지만 정신을 집중한다. 호흡이 느려지고 명상에 잠긴다. 뻐꾸기, 꾀꼬리, "휘리릭 휙" 휘파람새 혹은 딱새, 이따금씩 "꿔껑 꿩" 장끼. 멀리서, 가까이에서 들려오는 온갖 새소리와 심지어 청설모의 상수리 까먹는 소리까지 음악이 된다. 이른 바 우리 도반만이 향유하는 명상음악이다. 참 좋다.

검도가 없는 날이면 왕복 6km 아파트 뒷산을 뛰거나 걸으면서 같은 체험을 한다. 똑같은 꽃향기, 똑같은 새소리, 똑같은 햇살과 흙냄새, 그리고 똑같은 땀방울. 똑같이... 참 좋다.

운동을 마치고 돌아올 때면 부러운 게 없다. 그저 "참 좋다!" 싱그러운 하루를 시작할 준비가 제대로 된 것 같아서 행복하다. 전날의 과음으로 아침운동을 못하는 날이 많으면 이 느낌은 더 절절하다. 이럴 때면 자주 자문한다. 행복이란 이렇게 작은 것들 아닐까. 행복은 어차피 각자의 경험에서 얻어지는 상대적인 것 아닐까. 그것은 주관적일 수밖에 없을 텐데...

벌써 여러 철학자들이 말했다. "행복에 대한 이성적인 개념화가 불가능하다", 혹은 "행복은 지성에 근거하여 판단할 수 있는 준거를 가지지 못 한다"라고. 그런데 왜 우리는 대부분 행복하지 않다고 생각하는가. 혹시 헛된 절대치를 상정하고 있어서 아닌가. '누가 봐도 행복한 행복'이라는 행복의 보편성을 헛되게 추구하는 건 아닐까.

30년 전보다 훨씬 잘 먹고 잘 입고 잘 자는 요즈음이다. 욕심보다는 자족하는 마음이 필요할 때라는 생각이다. 사실은, 맑은 바람과 밝은 햇살에 운동만 해도, 그리고 시원한 냉수한 잔만 마셔도 행복하다. "참 좋다!"

그림 속의 나무

박수근 화백은 가난한 사람들이 사는 모습을 많이 그렸다. 그의 화폭에 나타나는 사람들은 광주리를 이고 가는 여인, 아기를 업고 기다리는 여인, 할아버지와 손자, 행상인들처럼 한결같이 고단한 삶을 일구어 가는 서민들이었다.

하지만 이들 곁에는 거의 언제나 나무들이 자리하고 있다. '길', '귀향', '고목과 행인' 같은 개별 그림뿐만 아니라 '나무와 여인' 연작에서는 화폭의 중심에 항상 나무가 서있다. 그러나 그 나무는 잎이 무성하다거나 과실이 주렁주렁 달린 나무가 아니다. 그것은 가지만 앙상하게 남아 찬바람에 시달리는 한겨울 나무이다.

많은 이들이 "잎 하나 없는 앙상한 나뭇가지가 상징하는 것은 가난한 시대의 삶"이라고 말한다. 하지만 이러한 해석은 나무의 의미를 지극히 단순화한 것이다. "인간의 선함과 진실함, 가난한 사람들의 어진 마음"을 그리려던 박 화백을 기억한다면, 그의 나무는, 비록 나목의 형상을 하고 있더라도,

춥고 궁핍한 것 이상의 의미를 내포한다고 봐야 할 것이다.

그렇다면 문학과 예술 속에서 나무는 무엇인가? 우선 그것은 빛과 어둠의 조화이다. 나무는 완전한 우주의 상징이기도 하다. 나무는 성장하면서 꽃과 잎을 떨어뜨렸다가 다시 피우면서 무한히 재생하기 때문이다. 그래서 나무는 인간과 신을 연결하는 매개자가 된다. 나무는 또한 평화의 상징이다. 성이 분화된 동물계는 끝없는 싸움이 있으나 양성이 공존하는 식물계에는 언제나 싱그럽고 쾌적한 평화가 깃든다. 통합의 이미지이다.

투르니에라는 프랑스 작가는 나무의 완전하고 행복한 결합을 우주와의 결혼으로 생각하면서 이렇게 말한다. "나무는 해와 바람과 더불어 하나가 된다. 나무는 해와 바람이라는 우주의 두 젖가슴에서 생명의 젖을 직접 빤다. 나무는 해와 바람을 향한 기다림일 뿐이다." 평화와 조화의 세계, 영원한 생명의 세계로서 지상낙원은 따라서 하나의 숲이다. 인간의 전락은 낙원으로부터의 추방에서 비롯된다.

숲에서 쫓겨난 인간은 나무를 그리워하고 동경하고 동일시하고자 한다. 에덴동산을 곁에 두고자 정원을 만들고 숲을 가꾼다. 나무를 키운다. 하늘에 이르고자 하는 꿈도 키운다. 실제로 나무 그늘에 들어간다든지 나무둥치에 기대어 있으면 얼마나 편안한가... 끝내 안 되면 죽은 뒤에라도 묘지를 정원으로 만들어 준다. 생전의 고됨을 나무를 심어 달래준다. 숲으로 돌아간 것으로 해준다.

그렇다면 박수근의 그림에 나오는 나무들도 단순히 헐벗음을 상징하지는 않는다. 그것은 고난의 삶을 영위하는 사람들의 의지가 되면서 동시에 꿈의 통로가 될 수도 있다. 또한 그것은 봄을 기다리는 소망이고 언젠가 잎과 꽃을 피우고 열매를 맺을 수 있다는 암시이다. 그의 나무에는 아기 업은 여인의 기다림이나 머릿짐을 이고 가는 여인들이 귀가를 한 후 만나게 될 따뜻한 정 같은 것들이 담겨있는 것이다.

인간이라는 숲

인산인해라는 말이 있다. 우리에게 산은 곧 숲이었으므로 이 말에 쓰인 산은 숲이다. 따라서 인산인해는 사람들이 매우 많이 모여 숲을 이룬 것 같고 바다를 이룬 것 같다는 말이 된다. 우리는 이렇게 사람을 나무에, 사람들이 많이 모인 것을 숲에 비유하길 좋아했다.

우리는 흔히 숲 하면 소나무, 전나무, 잣나무, 참나무, 포플러, 은사시 등과 같이 둥치가 굵은 큰키나무를 먼저 떠올린다. 그러나 숲을 이루는 것은 이들만이 아니다. 사슬처럼 연결된 온갖 종류의 곤충과 동물은 차치하더라도 숲에는 온갖 종류의 이끼류, 양치류로부터 시작하여 일년생, 이년생, 다년생의 오만가지 풀들이 있다. 그리고 풀인지 나무인지 구분이 안 가는 식물들, 또는 덩굴식물들도 무수히 많다.

충청도가 낳은 최고의 작가 이문구는 다음과 같이 확인해 준다. "제목으로 쓰인 나무는 나무이되 나무 같지 않은 나무이지요. 그렇다면 덩굴이냐, 덩굴도 아니지요. 풀 같기도 한데 풀도 아니고 그러나 숲을 이루는 데는 제 나름대로 역할을 하는 나무이지요. 꼭 소나무나 전나무, 낙엽송처럼 굵고 우뚝한 황장목 같은 근사한 나무만이 숲을 이루는 건 아니라고 생각합니다. 있는 듯 없는 듯 존재 가치가 희미한, 그러나 자기 줏대와 고집은 뚜렷한 사람들의 이야기입니다. 돈 없고 힘없는 일년살이들도 숲을 이루는 데는 꼭 필요한 존재라는 것을 말하고 싶었습니다." 라고.

그의 『내 몸은 너무 오래 서있거나 걸어왔다』라는 소설집에는 각각의 단편들 제목이 나무 이름으로 되어 있다. 「장평리 찔레나무」, 「장석리 화살나무」, 「장천리 소태나무」... 이런 식이다. 각각의 작품에는 평범하게 살아가면서 동시대의 사회라는 숲을 이루는, 그 숲에서 무늬와 결을 담당하는 우리 이웃들이 사는 모습이 담겨 있다.

어쩌면 숲을 숲답게 만드는 것, 숲의 싱싱한 생명력과 다양성을 드러내는 것은 이름 없는 작은 나무와 풀인지도 모른다. 이것들은 있는 그대로, 생긴 그대로 자기 역할을 하면서 타자와 조화를 이룬다. 그렇다. 자연은 늘 생명의 다양성과 조화를 우리에게 가르친다.

그러나 우리는 숲을 좋아한다고 하면서도 그 가르침을 깨닫지 못한다. 마치 귀족과 천민을 나누듯이 생명에 대한 차별이 우리 사고 속에 숨어 있다. 생김새에 관계없이 모두에게 장미가 되라고 하는 것, 뿌리인지 가지인지 아니면 잎인지 살피지도 않고 한결같이 큰 기둥이 되라고 하는 것이 그것이다. 그 결과 자식의 생긴 주제도 모르고 모두가 획일적인 교육으로 몰아 부치고 있다.

그래서 어느 작가는 질박하지만 시퍼런 날로 이렇게 지적했다. "콩나물대가리 안 먹는 애덜 어거지루 피아노 학원 보내구, 눈썰미 없는 애덜 어거지루 미술학원 보내구 허는 게 다 뭐간디. 보내는 대루다가 됐으면 이 나라가 온통 음악가 천지, 미술가 천지, 예술가 천지 되었게? 그게 아닌 중 뻔히 알면서두 보내구들 있잖여. 왜. 넘덜이 보내니께 나두 보낸다 이거여. 내 새끼 기 안 죽이려면 개성이니 창의성이니 하는 거 다 말짱 헛거구. 오로지 넘덜 허는 대루 해서 가급적이면 평균적인 애루, 기성품적인 애루 질러야 되는 줄루 알구덜 있다 이게여."

자연의 숲에서는 잘난 것도 못난 것도 없다. 생명만이 있다. 장터가 그렇다. 장에는 언제나 생명력이 흘러넘친다. 시커먼 비닐봉지마다 찹쌀, 수수, 팥, 메주콩, 검은콩, 완두콩, 참깨, 들깨들 담아 늘어놓는 할아버지. 대여섯 개씩 감자 무더기를 만드는 할머니. 박수를 치며 호객 하는 옷장수. 쉼 없이 물을 끼얹는 생선장수. 장기판에 모인 사람들. 이 모두에게서 노쇠함보다는 삶의 현장성이 갖는 싱싱함이 느껴진다.

장날 장보러 가면 '인간' 을 만난다. 깻잎 가격에 대하여 "천 원만 내슈" 하는 대답 속에는 '내가 당신을 이미 이만큼 생각해주고 있소' 라는 의미가 숨어 있다. 풋고추를 사려다가 "아이고, 이렇게 조금 줘요?" 하고 너스레를 떨면 갈고리 같은 손으로 한 움큼을 더 집어 준다. "앗다, 남자 양반이 웬 고추 욕심이여? 그것도 풋고추럴!" 하며 치는 농도 빠뜨리지 않는다. 아, 인간을 만난 것이다.

이런 '인간' 이 이른바 '인물' 보다 좋다. 마치 장미보다 찔레가, 감나무보다 고욤나무가 좋듯이 그렇다. 인물은 과연 무엇인가? 굳이 장일순선생의 말을 빌지 않더라도 인물이란 어떤 면에서 결국 다른 사람들을 괴롭히는 인간을 말한다. 세상에서 보통 인물이라고 하면 기운 세고, 머리 좋고, 권세 있는 사람인데, 알고 보면 그런 인간들 때문에 세상이 허덕여 왔다고 볼 수도 있다. 사실 그들이 세상을 더 망치고 있는 것 아닌가.

거칠고 투박하지만 자연의 숲과 같이 푸근한 인간 군상의 숲이 장터다. 닷새 장에는 다양함이 있다. 없는 것이 없다. 그러나 그 어떤 것보다 더 소중한 것이 있으니 그것은 군상의 깊은 주름 속에 숨어 있는 삶의 통찰과 세월이다. 그것은 곧 면면히 흐르는 숲의 생명력이다.

생명의 나무 생명의 숲

전통이 있는 학교와 신설학교, 유서 깊은 도시와 신흥도시는 많은 점에서 차이가 난다. 우선 역사 깊은 도시의 거리나 오래된 학교의 교정에는 한 결 같이 아름드리 나무들이 서 있다. 봄에는 꽃보다 아름다운 연녹색 잎으로, 여름에는 울창한 잎이 만들어 내는 그늘로, 가을에는 울긋불긋 단풍으로, 나무들은 인간을 유혹한다. 아니 그 있음과 드리움으로 인간을 정화하고 성숙시킨다.

반면에 아무리 도시기반 시설이 잘 갖추어져 있고 생활이 편리하다 하더라도, 첨단 시설을 갖추고 멋지게 지은 신흥명문학교라 하더라도, 숲이 없는 공간은 언제나 삭막하다. 마음이 편하지 못하다. 태초부터 낙원은 늘 숲이 있는 곳이었고, 낙원으로부터 추방된다는 것은 나무가 없는 사막으로 추락하는 것을 의미하는지도 모른다.

어떤 면에서 인류사는 곧 나무와 함께 한 나무의 활용 역사이다. 찬란한 문명의 배후에는 언제나 활용할 수 있는 숲이 있었고 문명의 쇠퇴에는 언제나 피폐한 삼림이 한 요인이었다. 굳이 "해마다 지구 전역에서 3천 7백만 에이커(한반도 전체면적의 3분의 2)의 삼림이 사라지고, 이것은 극심한 홍수와 토사 유실 나아가 사막화를 초래하고 있으며, 연료를 나무에 의존하는 20억 인구가 에너지 위기에 빠지리라"는 월드워치연구소의 경고를 인용하지 않더라도 숲은 우리의 생명이고 미래이다.

금년은 유엔이 정한 '세계 산의 해' 이다. 우리에게 산은 곧 숲이다. 숲은 작든 크든 나름대로 하나의 생명체이다. 풀과 같은 생산자와 새나 들짐승 같은 소비자, 그리고 미생물이나 곰팡이 같은 분해자가 유기적으로 함께 살아 숨쉬는 공생의 장이다. 또한 숲은 환경 친화적으로 물을 저장하는 '녹색 댐' 이자 빗물을 맑은 물로 걸러주는 자연 정수기이다. 동시에 그것은 냉 · 난방과 방풍의 기능을 가진 고품질의 공기정화기이다. "1년 간 1헥타르의 침엽수가 30-40톤, 활엽수는 그보다 훨씬 많은 68톤의 먼지를 걸러낸다"고 한다. 그러면서 숲은 홍수조절을 통해 재해를 막아준다.

그렇다면 우리의 선택은 자명하다. 숲을 살리고 나무를 심어야 한다. 학교에도 반드시 강당보다 먼저 숲을 만들고 도시의 가능한 공간마다 녹지를 조성해야 한다. 도시에 공원이 없다면 하다 못해 유럽처럼 건물의 옥상에라도 나무를 심어야 한다. 이런 의미에서 둔산 문예공원 터 20만평의 녹지공원이 원래의 약속대로 수목원이 되어야 함에는 재론의 여지가 없다. 숲과 나무는 단순히 생태학적인 통계 이상의 무한한 정서적 가치가 있는 것 아닌가.

아울러 더 중요한 것은 기존의 숲이나 산림이 당연히 지켜야 한다는 사실이다. 자운대 골프장 예정부지처럼 이미 자연적으로 형성되어 환경보전에 기여하고 있는 숲을 훼손해서 과연 누구를 위한 골프장을 만든단 말인가. 보통 27홀 골프장 때문에 60만평의 산림이 파괴되고, 그곳에서 잔디 1종을 지키기 위해 1000여 종의 생물종이 죽어야 한다는 사실을 아는가.

우리는 이웃 도시에서 논란이 되고 있는 청계천 복원사업을 타산지석으로 삼는 지혜를 가져야 한다. 마르쿠제가 『에로스와 문명』에서 갈파하지 않았는가. "죽음의 본능, 타나토스가 지배하는 사회는 불행하다"라고.